班主任新经典丛书	最新版
BANZHUREN XINJINGDIAN CONGSHU	ZUIXINBAN

班主任 班级管理实务

BANZHUREN BANJI GUANLI SHIWU

本套丛书根据班主任工作的实际需求，分门别类地对班主任的专业发展、班级管理、工作方法等方面面进行了介绍，辅以一线教师的实践案例，为广大教师提供了丰富的参考资源。尤为可贵的是，本丛书注重时代性，研究和解决了一些当前教育情形下的新问题，可谓是班主任教师们新的经典。

BENSHU BIANXIEZU	王玮　本书编写组◎编

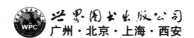

世界图书出版公司
广州·北京·上海·西安

图书在版编目（CIP）数据

班主任班级管理实务／《班主任班级管理实务》编
写组编．—广州：世界图书出版广东有限公司，2010.11（2024.2 重印）
ISBN 978 - 7 - 5100 - 2997 - 4

Ⅰ．①班… Ⅱ．①班… Ⅲ．①中小学 - 班级 - 学校管
理 Ⅳ．①G632.421

中国版本图书馆 CIP 数据核字（2010）第 217523 号

书 名	班主任班级管理实务
	BAN ZHU REN BAN JI GUAN LI SHI WU
编 者	《班主任班级管理实务》编写组
责任编辑	王 红
装帧设计	三棵树设计工作组
出版发行	世界图书出版有限公司 世界图书出版广东有限公司
地 址	广州市海珠区新港西路大江冲 25 号
邮 编	510300
电 话	020-84452179
网 址	http://www.gdst.com.cn
邮 箱	wpc_gdst@163.com
经 销	新华书店
印 刷	唐山富达印务有限公司
开 本	787mm×1092mm 1/16
印 张	12
字 数	160 千字
版 次	2010 年 11 月第 1 版 2024 年 2 月第 4 次印刷
国际书号	ISBN 978-7-5100-2997-4
定 价	59.80 元

"班主任新经典"丛书编委会

主　编

王利群　　解放军装甲兵工程学院心理学教授
周作宇　　北京师范大学教授、教育学部部长

编　委

马世晔　　中华人民共和国教育部考试中心
李功毅　　《中国教育报》副总编
王增昌　　《中国教育报》高级编辑
殷小川　　首都体育学院心理教研室教授
张彦杰　　北京市教育考试院
魏　红　　北京师范大学教务处
刘永明　　北京师范大学继续教育与教师培训学院　副研究员
刘艳茹　　北京市顺义区教育研究考试中心，中学高级教师
刘维良　　北京教育学院教育学教授
杨树山　　中国教师研修网执行总编
肖海雁　　山西大同大学心理系主任，教授
张兴成　　西南大学（原西南师范大学）副教授
南秀全　　湖北黄冈特级教师
方　圆　　北京光辉书苑教育研究中心研究员

序　言

　　随着教育改革的深入和学校教育活动越来越丰富多样，班主任在学校中所担当的角色也越来越多，新时代对班主任提出了"全能"的要求。顾名思义，"全能的班主任"就是指班主任要成为一个全面发展的人，能够在学生发展的各个方面都能提供帮助。班主任应该是爱的传播者，班主任要成为学生的知心朋友，成为全体学生的领路人，成为学生的心理医生；班主任应该是班级的建设者，要成为班级文化的设计师，成为班级纪律的管理员，成为班级成员的评判者。班主任还应该是自我实现的人，班主任要做一个管理者、教育者、研究者，班主任要在成全全体学生的同时，要实现自己的专业成长和个人价值。

　　换而言之，要成为一个"全能的班主任"，需要扮演好以下的几个角色：

一、学生的知心朋友和领路人

　　班主任爱学生，成为学生的知心朋友，是做好各项工作的前提和基础。为此，班主任对学生必须真诚、平等，要经常站在学生的角度，设身处地为他们着想。

　　"领路人"的角色，意味着班主任的一言一行都会影响到全体学生。班主任一定要保证自己是"朝着正确的方向行走"，这样师生一路结伴而行，才会成为有意义的事情。

二、学生的心理医生

　　班主任应像心理医生那样和蔼可亲，细致入微地体察学生的内心世界。为此，班主任必须熟悉心理学，学会综合运用心理学和心理咨询的方法，帮助学生分析、解决面临的各种问题及心理障碍，注重培养学生的社会适应能力。

三、班级的建设者和管理者

班级的组织、制度、文化建设，都是至关重要的，尤其是班级文化对学生的教育力和影响力非常巨大。班主任除了注意班级目标、班规班纪、管理机制、竞争机制、教室美化、活动开展这些方面的建设和管理，还要把重点放在积极向上的班风班貌、合作进取的团队精神等的营造上，使每一个班级成员都受到熏染和浸润。

四、评判者和沟通者

班主任在学生心目中却有着较高的威信，这种威信常体现在他的"裁判"角色中。学生之间发生冲突或争执，甚至是对某个问题存在争论，他们都会找到班主任这里来"评理"。班主任要通过评判，引导学生建立起认识问题的正确思维方法和正确的价值体系。另外，班主任也应该是使学校教育、家庭教育、社会教育相一致、相配合的枢纽和桥梁。

五、研究者和自我实现者

如何按照教育规律和儿童身心发展规律，积极有效地教育好学生是一项非常复杂的工作。这就需要班主任在自己的实践中，注重观察，仔细分析研究，努力探索班级管理和教育的规律，不断总结具有学术价值和实践意义的理论与经验。班主任的研究过程，本身就是一个实现自我专业成长的过程，是一个自我价值实现的过程。

现实的情况是，有的班主任能够顺应教育发展趋势，及时改变自己，很好地适应了新背景下的工作要求，而有的班主任却思维僵化，教育教学方法不能与时俱进，或者是虽然有意改变自己，但转变过于缓慢，成为一个落伍者；另外也有一些新入职的班主任，对班主任工作缺乏足够的了解，工作能力也亟需提高。

鉴于此，我们对新背景下班主任应该具备怎样的素质，进行了一次梳理，组织专家编写了这套"班主任新经典"丛书。我们的希望是，班主任能够在阅读中汲取营养，在实践中不断提高自我，最终成长为一个"全能的班主任"。

目录
contents

引　言

　　一所学校要完成教育、教学计划和各项教育管理措施，都必须通过"班级"这个基本单位去贯彻、落实。"班级"不能仅仅是一个由坐在同一间教室里的几十个孩子组成的松散的群体，自由散漫，形同散沙，那样是不可能真正完成教学任务的，也不可能培养出具有优良品德的优秀人才，它必须是一个有领导、有目标、有组织、有良好的班风、班纪，团结向上的班集体，这个班集体的领导组织与创建者正是班主任老师。

　　如果把学校比作一个网络系统，这个网络系统由纵横交叉的各种教育和教学渠道组成的话，那么班主任就是这个网络中的一个网结。有人形象地说："在学校，条条渠道通向班主任"，实不为过。班主任既是班级的核心，又是联络各教育渠道的纽带和桥梁。学校对学生德、智、体、美等的教育，都要通过班主任这个关键人物去发挥影响力，完成各种教育活动。因此，班主任是班集体的组织者和领导者，是学校贯彻教育方针，促进学生全面发展的骨干力量。

　　班主任作为班级的组织者、管理者，做好班级的管理就成为班主任工作的重中之重。班主任把班级管理搞好了，学校的教育、教学工作才会得以顺利开展和进行。正如赫尔巴特所说："如果不坚强而温和地抓住管理的缰绳，任何功课的教育都是不可能的。"可见班级管理工作是多么的重要。

　　然而，在教育实践中，很多班主任常常对班级管理束手无策。

有些班主任好似学生的"跟班",吃饭、睡觉、排队、做操……成天影子似的跟着,一天到晚身心疲惫,可学生照样捣乱、犯错,问题不断。

有些班主任,"严"字当头,纪律能抓好,教学任务也能落实好,但教育目标却很难实现:学生看似听话,可积极性并不高,责任心欠缺,整个班级缺乏朝气和活力……

相较之下,还有一些班主任,平时看上去似乎像个甩手掌柜,什么事都放任不管,悠哉游哉,可班级依然是团结的、向上的、师生关系和谐……

差别为什么会有这么大呢?关键就在于不同班主任的管理理念、管理手段以及评价方式等不一样。

要知道,管理班集体不仅是一门科学,还是一门艺术,需要班主任智慧地管理,巧妙地管理,才能事半功倍。

依据班主任日常工作的主要方面,本书分为五大篇,分别是班组建设篇、学生管理篇、日常管理篇、心理辅导篇、人际交往篇,基本涵盖了班主任班级工作的方方面面。在编写过程中本书采用新颖的创作方法和情真意切的教育语言,以期让教师在轻松愉快的阅读中深切地感悟并真正掌握班级管理的方法和技巧,可谓为广大班主任量身定做的成功管理班级的智慧锦囊。

班级建设篇

班集体是学生面临的最直接的社会环境，它是满足学生交往和归属的"精神家园"，创建班集体是班主任的首要任务。新的班级在组成之初，仅仅是一个由学校按照一定的编班要求，把来自不同地方的学生编在一起，以适应班级授课需要的简单聚合体。只有通过班主任的精心策划和打造，才能逐步建立起一个有坚强领导核心，有共同纪律观念，有共同价值观，有和谐的班级文化，有良好班风和优良传统的集合体，即"班集体"。

第一节　秀出完美的第一印象

抓好第一印象就是要注意首因效应对班主任工作的影响。所谓首因效应是指由初次见面时所形成的对一个人的印象对将来相互关系的影响。班主任一定要重视这种首次感知的重大作用。正如19世纪德国著名心理学家艾宾浩斯所说的那样："保持和重视现在很大程度上依赖于在有关的心理活动第一次出现时的注意和兴趣的强度。在第一次生动鲜明的经验之后，被烫伤了的儿童见火就避，挨了打的狗见了鞭子就逃。"

学生对班主任的第一印象非常重要，这种印象直接影响到今后班级的管理和班主任工作的进展。在第一次走上班级讲台时，班主任必须大方坦诚地向学生进行自我介绍，表露自己建设好这个班集体的美好愿望。在进行这种自我介绍时，关键要把握好一个度，要善于抓住学生第一次见到班主任时的好奇心理，使学生认同自己的观点，接受自己的形象，既不能泛泛而谈让学生厌倦，也不能声色俱厉让学生反感。介绍的目的是将自己心胸开阔、朝气蓬勃的一面展示给学生，让学生感受到老师的真诚和正直。要善于启发学生的积极性，向学生提出明确具体的目的和任务，突出工作重点，以引起学生的兴趣和注意，使第一次见面就给学生留下深刻的印象。

教师作为普通的社会成员，在着装上当然与一般人有相通之处，但是，教师的职业特点又决定了其着装又与一般社会成员有所不同。教师着装对其良好形象的建立具有重要意义，尤其是教师在学生心目中的形象，直接影响教育教学的效果。班主任也是教师的一分子，如何在学生

面前秀出完美的第一印象呢?

一、整洁干净，美观大方

这是对班主任着装的总要求，也是最起码的要求。作为班主任，无论穿什么服装，都要经常加以护理和保养，以求得外观的完整和新颖。

著名教育学家马卡连柯说："无论对教师或是对教育机关中的其他成员，都必须要求衣服整洁、头发和胡须都要弄得像样，鞋袜洁净，双手清洁，修好指甲和经常备有手帕。"他甚至认为："从口袋里掏出揉皱了的脏手帕的教师，已经失去了当教师的资格了。"因此，任何一名教师都要认识到，讲究个人衣着的整洁卫生，不仅仅是教师道德修养的表现，更重要的是教育好学生的需要。

当然，班主任的衣着打扮，并不一定在于要追求新奇漂亮、流行时髦，也不一定在于本人必须有一副适宜妆扮的漂亮身材，关键在于他的仪表打扮要适合身份，适合教师职业特点规范下的仪表美的深层内涵。尽管适宜的身材、流行的服装对教师形象美也起相当重要的作用，但这并不能代表仪表美的全部。只要他在教书育人的实践中，衣着整洁得体、落落大方，照样能够透露出一股朴实的美、整洁和谐的美、情趣高雅的美。当然，这并不是说教师的衣着应该是呆板单调、沉闷落伍的，似乎只有这样才能为人师表，而是说教师的妆扮要抓住美的真正内涵，抓住其基本的职业要求。

班主任的着装要想达到整洁卫生、美观大方这一总体要求，也须具备基本的服装学常识。一般说来，颜色以中性色彩、冷色为主。如选用暖色则应以中、冷色相衬托。服装的面料以混纺为好，显得质地好，挺拔、有光泽感，易洗易干。如选用纯毛料，则易被粉笔末染污。

二、与自身条件一致

这是指班主任的着装要从自身条件出发，综合考虑自己的体型、肤色、年龄、家庭经济状况等多种因素，穿出自己的风格和个性。要做到这一点，首先要对自己的体型、身材有一个较准确的估计。另外还必须消除顽固的从众心理。高腰衫、宽松裤、茄克衫、毛料西服、时装套裙、名牌旅游鞋和平底时装鞋都曾为一时风尚，但身长腿短者和肩窄臀大者穿上高腰衫和宽松裤，其效果将是目不忍睹；更不用说旅游鞋配西服，平底鞋套在粗壮的脚掌上，套裙挂在又矮又胖的身上之类的搭配了。

青年教师朝气蓬勃，充满活力，易于接受新事物，富于想象力和开拓精神，服饰选择上宜以活泼明快为主，可以与流行色泽款式适当地靠近一些，要避免在色泽款式上的老气横秋，显得毫无生气与活力，也要避免给学生以沉闷感、压抑感；年长的教师德高望重，沉稳通达，衣着上应以严肃端庄为主。但也不一定非要拘泥于一端，可以根据情况，适当选择一些既稳重大方，色泽款式又比较清新的服饰。这样，既显得充满成熟的魅力，又显得焕发了青春活力。

三、与所处环境协调

第一，着装要与社会大环境协调。一定的社会环境，一定的服饰流向，不可避免地要影响到教师。教师也需要不断地接受、选择美的服饰，融入时代大潮而不可一味地古板地拘泥于自己的天地之中，与世隔绝。就是说，教师的着装应给人以时代感。

班主任的着装要做到与社会环境协调，还应注意使自己的服饰随着群体文化意识的变化而变化。就教师的教学环境而言，有的在城市，有的在农村，有的在少数民族聚居区……这就要求教师的着装应该"入乡随俗"，以能被群体所接受为宜。有这样一个例子：一位大学刚毕业分到农村中学去任教的女青年，由于不能入乡随俗，过分注重梳妆打扮，服饰艳丽夺目，频繁更换，使学生眼花缭乱，议论纷纷，导致课堂纪律和教学效果很差。当地的老百姓也很看不惯，请求把这位"洋"教师调走，以免教坏了他们的孩子。由此看来，教师要善于理解群体文化意识，审时度势，做恰当的修饰。

第二，教师着装要与校园环境协调。学校的环境是整洁、严肃、活泼向上的。教师的衣着在整洁得体的基本要求下，也要随着具体的校园环境的变化而变化。

值得一提的是，教师的着装还要考虑受教育者——学生的年龄、性格、知识、能力等因素。幼儿园或小学低年级教师，要针对孩子们天真烂漫、活泼好动的特点，选择一些色泽鲜艳、明快的服饰，给他们以美的熏陶。而面对小学高年级或中学生，教师的服装应朴素而典雅，以培养他们成熟的衣着行为，同时使他们受到思想情操方面的陶冶与启迪。

总之，教师衣着整洁得体，仪表朴素大方，既能充分体现教师职业的特点和健康的审美情趣，又能反映教师热爱生活的精神风貌。教师着装对学生的心理、审美、行为有着较大的影响。所以，我们每一位教师都要按照教师职业的特点，注重个人衣着、仪容的修饰，给学生以美的熏陶和感染，使它更有助于教育教学效果的提高。

第二节　尽快熟悉班级的每一个学生

苏霍姆林斯基说过："不了解孩子，不了解他的智力发展，他的思维、兴趣、爱好、才能、禀赋、倾向，就谈不上教育。"作为班主任，在接手一个新班级以后，应在开学前尽快通过各种方式方法了解学生的思想品质、学习成绩、性格气质、兴趣爱好、才能特长、家庭情况、交友及环境影响等等。最好据此建立一本班级学生"内部档案"，随时可以翻阅研究。只有了解学生，才能切合实际地开展班级工作，有的放矢地对学生进行教育。

熟悉和了解学生包括学生个人和学生集体两个方面。

一、班级的基本情况

1. 班级学生的基本情况

班级学生的基本情况包括：①学生总人数。②男女生人数与各占班总数的比例。③学生的姓名、年龄、性别、出生日期。如果是新上任的班主任，最好在第一次与大家见面时就能叫出每一个学生的名字，这对于增强教师的威信，缩短师生间的距离有很大的帮助。④学生的来源情况，比如是来自城市还是农村，是远郊还是附近，等等。⑤学生家庭地址、家长的职业、文化程度，等等。⑥学生家庭结构，比如是否是单亲家庭。⑦独生子女人数。⑧学生家庭的生活条件，比如父母是否下岗，等等。

2. 班级学生的发展情况

班级学生的发展情况包括：①团队人数比例，团支部思想状况和工作状况；②少先队的组织和活动的教育状况；③学生中各方面的表现，优秀、中等和后进生的比例；④思想品德、行为习惯表现的不同层次情况的比例，各不同层次表现的特点；⑤学业状况、学习风气、优势和弱点、各科学习成绩；⑥身体素质情况；⑦心理健康状况。

3. 班级整体发展的情况

①学生对班级目标的确认并为之达成的努力状况；②学生干部队伍的状况，学生自己管理班级的状况；③班级中人际关系状况；④班级的规章制度建立和执行情况。⑤班级学生和各科目老师的关系情况；⑥班级集体的荣誉感，班级的凝聚力等。

二、学生的个人情况

班级是由学生组成的，学生个体的发展水平在很大程度上影响班级集体的建设，因此，班主任要想顺利开展工作，则必须充分、全面了解每个学生的情况。

1. 学生的个人基本情况

学生的个人基本情况包括：①学生个人的成长经历；②一般的作息时间和生活习惯，在家里是否做家务；③一日三餐的状况；④闲暇时间的利用情况；⑤思想品德状况，比如对国家大事的关心程度，对公益活动是否热心参加，对人的态度（如尊重、礼貌、诚实等），在公共场所是否文明；⑥对学习的兴趣，学习时间的安排，学习的习惯和方法，等等；⑦学生的身体发育状况（包括体重、身高等），体质和健康状况，体育锻炼的习惯，等等。

2．学生的成长环境

学生的成长和自身生长环境密不可分，班主任需做一定的了解。学生的成长环境包括家庭环境、社会环境、学校环境、人际环境等。

（1）家庭环境。家庭是一个人一生最重要的影响源，每个人的身上都会深深刻上家庭的痕迹。家庭环境包括其道德环境、智力环境、生活环境和特长环境等。

道德环境指家庭的道德风貌，包括家庭成员的政治态度、思想品德、人际关系、行为习惯等。如果学生生长在一个道德风貌良好的家庭，那么其品德、学习都会得到良好的发展，反之亦然。

智力环境是指家长的文化素养和智力水平。如果家长的知识丰富，修养良好，那么就会通过自己的言传身教对学生产生潜移默化的作用。不过，并非家长的智力高，学历高，孩子就一定聪明，重要的是家长尊重知识所表现出的态度会对孩子造成一定影响。

生活环境是指物质生活条件和环境气氛。如果家庭条件较好，那么孩子就能安心求学。当然，并不是越富裕的家庭，孩子学习就越努力，这要看家长如何引导孩子。有时候家庭条件困难，反而能激起孩子刻苦奋进。

特长环境主要指家庭成员共同的兴趣、爱好以及特长。如果一个家庭有几项有益的爱好，那么对于孩子的成长是极为有利的。

（2）社会环境。社会环境包括三个层次，一是时代大环境，二是国内的大环境，三是社区环境。这三者都会对学生的成长产生影响。随着时代的变迁，学生面对的社会环境也越来越复杂，所以班主任要通过谈话、调查、访问等形式了解学生的社区情况。

（3）学校环境。班主任对学校环境进行了解，主要是了解学校、年级、班级的环境与特点。学校的历史传统、硬件设施、师资队伍等都会对学生产生一定的影响。

（4）人际环境。任何人包括学生，他与其他人的接触与交往都会影响其自身的发展，与此同时也影响着别人。班主任了解学生的人际环境，有助于更好地了解学生的品质、思想、兴趣、爱好等。

第三节　快速记住每一位学生的名字

曾经有人问一位销售高手："世界上最美妙的声音是什么？"他的答案是："听到自己的名字从别人的口中说出来。"通常能叫出对方的名字，会使对方感到亲切、融洽；反之，对方会产生疏远感、陌生感，进而增加双方的隔阂。

一位优秀班主任便深谙"叫出对方名字"的魅力，他把记住学校每一名学生的名字，当成每天的作业来练习。如果是新入学的学生，他就靠他们的照片来记名字。因此，当学生刚入学，他便能准确叫出每一位学生的名字，并寒暄一番。这对一个刚刚接触陌生的环境、心里难免有些忐忑不安的新生来说，无疑是吃下了一颗定心丸。而对于爱子心切的家长来说，班主任的热情招呼也使他们大为安心，因为他们从孩子的口中得知，班主任很照顾他们的孩子。

记住学生的名字，在有些班主任看来颇有些不以为然，认为这和个人的记性有关，如果记忆力不好，也不用勉强自己记住每一个学生的名字。殊不知，这看似简单的一个细节实则是一种教育智慧。记住学生的名字等于给学生一个巧妙的赞美，能迅速拉近学生和班主任之间的距离，他会觉得自己被重视，被关切。

当然，在短时间内记住大量学生的名字也绝非易事，其中也有秘诀可循。

一、阅读档案记忆法

这是一种说来比较"笨"的办法，不过很有效。通常可以在新生入学前收集学生过去的档案，通过认真阅读学生档案材料，了解学生过去的学习成绩、思想表现、家庭情况等，根据学生个性特征和特殊才能，记住学生的名字。也可到原来的班主任或科任老师那里去了解学生情况，达到记住学生名字的目的。

二、相片记忆法

面对一个班几十名学生，要想一下子记住他们的名字，尤其是人名与相貌一一对应，对一般的老师来说，不是那么容易的一件事。现在，照相机、手机的使用已经很普遍，可以给每位学生照个相，注明学生的基本情况，如姓名、籍贯、出生年月等，保存到电脑里或用彩色打印机打印出来，装订成小册子。这样经常浏览，就会记住每个学生的名字了。

三、卡片记忆法

每当召开会议时，常常可以看到主席台上的座位卡写着就坐的领导、专家的姓名，台下的人很容易由此认识他们，老师也可以让学生自己制作姓名卡片。将 32 开本大小的硬纸板对折，在纸板的两面写上姓名，就成了一张双面卡片，放在自己的座位上，教师识记起来很方便（一段时间认识学生后即可取消）。

还可以按座位表给每组照一张相，结合座位表和相片，随时随地巩固记忆；如果有必要，也可给每个宿舍的学生来张合影。作为班主任，你最好把这些照片送给每位科任老师，这样就能帮助他们尽快记住学生的名字。如果能把这些照片保存到学生毕业，再展示给他们看，又将是一份珍贵的礼物。

四、主题班会记忆法

这种方法比较适宜于各学段一年级的班级，或重新组成的班级，学生彼此不认识或所知甚少，班主任可以组织召开一次以简短演讲的形式做自我介绍的班会课，课前布置学生用最好记的方式介绍自己的名字和特点，如"我是性格内向害羞的张红霞"，"我要好好学习，长大后成为国家的栋梁之才，我的名字叫做程国栋"等。这种方法既有利于建立良好的师生关系，又锻炼了学生的胆量与口才。

五、分类记忆法

这是一种很灵活的方法。不同的老师可以根据自己的喜好对全班学生进行分类，从而识记学生的名字，比如，按学科成绩分类识记，把某一学科学习成绩前几名与后几名的学生分成一类进行识记。

六、地域来源记忆法

一个班级的学生往往来自于不同的学校、村落、乡镇或居委会，可以按来源学校的不同，把学生分组，将这些学生与这个学校的重要特征、特色或标志联系起来识记，如这个学校是民乐特色学校，就与民乐联系起来；是奥赛特色学校，就与奥赛联系起来；是百年老校，就与老校特征联系起来等，可收到意想不到的效果，也可以按村落、乡镇或居委会的不同，把学生分组。

七、聊天记忆法

在学生报到时，多跟学生聊天，尽可能地把学生名字和本人性格联系起来。第一天报到，学生不会一下子来得很多，你可以试着跟早到的学生初步进行面对面交流。即使一下子来了很多学生，你也可以通过交流进行比较，从而记住那些特点突出的学生，如这位快言快语的女生叫什么名字，那位沉默寡言的男生是谁……

八、外貌特征记忆法

在开学之初，注意观察学生的外貌特征，并将之与学生名字联系起来。只要你发挥联想，那些死板的姓名就会生动起来。如一个叫小志的学生，他的脸很方正，属于电影里正面人物的样子，与"志"很有联系；一个叫小玲的女生，长得小巧玲珑，而且爱笑，确实有一种"玲珑"的美感。如此联想，也能迅速记住学生的名字。

总之，对于一个带新班的班主任来说，如果要想学生喜欢你，请记住这个最简单的秘密：快速而准确地叫出每一个学生的名字。对学生来说，这是最重要、最亲切、最真诚的声音。

第四节　明确班集体建设的目标

　　一个明确的奋斗目标，是班集体形成的标志，是班集体能沿着正确的方向发展的保证，是提高教育效益和学生学习质量的重要条件。

　　由于有班集体的奋斗目标，班主任可减少繁杂的班级管理工作，实现所有学生和任课教师都参与管理。有了明确的具体的目标，才有利于对工作的检查、控制和考核评价，从而保证班级工作的正常运转。

　　班级目标可以有远期的、近期的和当前的。远期的目标可以是一学年的。如某个各方面比较差的班，初一这一年的目标是："我们也是好样的！"目的是让学生觉得自己是好样的，建立自信心，同时也让年级中的其他同学认识本班的优秀，摆脱人们的不良印象。近期的目标可以是一个学期的，如："这学期要让'文明流动红旗'的最后大红旗属于我们班"。当下的目标是针对临时出现的班级问题，订立解决的目标，如某位班主任老师针对最近班级的纪律问题提出的目标是："消除上课讲话的现象"。

　　那么，作为班主任需要了解班级集体目标的制定依据以及制定目标的方法和原则。

一、制定班集体目标的依据

　　班级目标是在班主任的带领下，发挥广大任课老师和同学的积极性而确定的，是一个主观与客观统一的过程。这个过程是经过研究上级要求、社会环境、主客观条件，并进行分析论证而产生的。确定班级目标的主要依据有：

1. 依据上级的要求

主要是根据教育方针、政策和法规，根据上级教育行政部门的目标和下达的任务，根据学校的总的目标要求。这些是制定班级奋斗目标的重要依据，只有从这个依据出发，才能使班级目标与上级要求相符合，保证目标的正确性。

2. 依据社会调查

全面而系统地了解当前社会政治、经济和科技的发展对人的要求，了解当前社会环境、社会风气的变化对学校教育的影响等。根据这些情况，认真分析，作出相应的决策。

3. 依据全班同学的实际状况

班级集体目标是全班同学的奋斗方向，是要每个同学通过不懈的努力都能够实现的目标，因此，班主任在制定这个目标时，一定要了解全体学生的状况，包括每个学生的成绩、思想品德和生活状况，从而确定适合的基本目标，在此基础上还可以制定一个更高要求的目标。总之，一个班集体的目标，它既不是无法达到的，也不是一下子就可实现的，必须准确地反映出全体学生的实际。

4. 依据主客观条件

以班级的主客观条件为依据的目标才是可行的。班级的主客观条件，包括人力、物力、财力、环境等因素。要对班级的特点、思想状况、工作基础、办学条件和周围环境进行翔实的分析，在此基础上订出既充分发挥优势，又针对薄弱环节的略高于现有能力的目标。

5. 依据科学的理论指导

所谓科学的理论依据，是要求在科学理论、正确思想指导下，制定班级管理目标。科学的理论主要包括教育学、心理学、管理学等与教育教学有密切关系的学科原理。科学的理论能帮助班主任在制定班级目标时，知道应该做什么、怎样去做，怎样去做才能获得最优效果，使班级目标的制定更科学、合理，使班级管理工作按照教育规律和管理规律循

序发展。

二、确定班级集体目标的原则与方法

班级集体目标是学校目标的具体化。它要受学校总目标的制约，学校总目标决定着集体的奋斗目标，提出班级集体奋斗目标要以学校总目标为依据；班级集体目标影响着学校总的目标，实现学校总目标要以班级集体目标的实现为保证。

1. 制定班级目标的原则

（1）全面与重点相统一

所谓全面，是指班主任提出班级集体奋斗目标时要考虑到班级的全面工作，全面体现班级的基本任务，使班级的各组织和每个成员都有明确的目标要求。所谓重点，是指提出班集体奋斗目标要抓班级工作的主要矛盾，突出重点，不能搞包罗万象、面面俱到，使提出的奋斗目标既能体现全面要求，又抓住了重点。

（2）一致与灵活相统一

所谓一致，是指提出班集体奋斗目标要同国家的教育目标、上级教育行政部门的学校的教育目标保持一致，子目标与总目标保持一致，以保证上级目标和学校目标的实现。所谓灵活，是指提出目标时要从班级学生集体的实际出发，充分发挥本班的优势和长处，使提出的目标有一定的弹性。也就是说，班主任在提出奋斗目标时，既保证上级目标和学校目标的实现，又能充分发挥本班学生的主动性，使之能更加好地完成教育任务。"灵活"不能与"一致"相冲突，"灵活"应是为了更好地实现"一致"的要求。

（3）整体与个体相统一

提出班集体奋斗目标，不是班主任说了就算，而应充分启发学生，发扬民主，发挥班级整个集体的智慧和力量，提出多种方案，择优决策。这样在确定班集体奋斗目标时，既能保证集体目标的质量，又能重视学生个人目标的实现，把二者很好地协调起来，保持基本方向的一

致，以利于真正激发学生实现班集体奋斗目标的积极性和主动性。

（4）定性与定量上相统一

班级目标不是一句空洞的口号，应该让学生看得见，摸得着，做到努力有方向，检查有依据，考核有标准。因此，目标最好具体、明确，多用量化的指标，对于难以量化的，则可用定性的描述，有时一些定量的指标也还需要有定性的说明。总之，使定量与定性有机结合起来，使目标更能够被全体同学所理解和执行。

2. 制定班级目标的方法

制定班级目标的方法可以说多种多样，每位有经验的班主任都有一套自己的方法。一般说来，以下两种方法是用得比较多的。

（1）师生共商法

对一个发展状况良好的班级，一般宜采用这种方法。其一，它可以集思广益，使目标的制定更切合于班级的实际，增强了可行性；其二，它可以满足学生的情感需要，增强目标对学生的激励性；其三，它可以使学生和班主任沟通情感，增强师生之间的合作形成很强的凝聚力；其四，共商的过程是师生间补习的过程，是老师理解学生的过程，也是学生自我教育的过程，从中可以培养学生自我调整、自我教育的能力。

（2）班主任定夺法

班主任定夺法是班主任作出决断，向班级提出要求以作为班级为之奋斗的目标。这种方法，有很大的局限性，突出表现在不利于调动班级成员的主动性和积极性。这种方法只能在班级初建时或在乱、差班中才能使用，即使如此，班主任作出决断时，也必须深入学生中去进行细致的调查研究，尽可能地全面了解并领会学生的愿望和要求，在目标提出以后还要作反复地讲解、动员，使目标逐步转化为学生的自觉努力方向。

以下是一个优秀班集体在班主任和全班同学的商议下制定的长期、中期、短期目标。

长期目标

1. 在学校"教育为本，学习为主，全面发展，学有特长"的教育思想指导下，学会做人、学会求知、学会生活、学会健体、学会创造，做一个爱祖国、爱家乡、爱学校、爱父母、爱老师、爱班级的人；

2. 全班同学都要认真刻苦学习文化科学知识，达到人人升级，人人毕业，人人达到高一级学校要求的水平或具有从事职业活动的一技之长；

3. 全班同学都要达到体育锻炼标准，人人都掌握一种运动的方法和规则，人人爱清洁，人人讲卫生，尤其是要重视用眼卫生，没有新的近视发病者；

4. 自尊自重，互敬互爱，人人在班内有受人尊重的地位，也有必须尊重他人的义务，使人人在班里都感到温暖和愉快；

5. 人人都要以实际行动为班级增光添彩，力争成为全校执行《中学生守则》、《中学生日常行为规范》最好的班级；

6. 人人都有自己的兴趣和爱好，热爱劳动，基本做到都会一至两种小制作，都能讲普通话，写规范汉字，都能掌握文明礼仪并身体力行；

7. 在班主任和团队组织的指导下，集体的事由集体讨论决定，班委会、团、队事，都由自己管理，活动由自己开展；

8. 半年内达到学校良好班集体的水平，一年内达到区优秀班集体的水平，三年内达到市级优秀班集体的水平；

9. 人人都有为集体、为他人服务的岗位，坚持为班级、学校、他人做好事。

中期目标

班主任把班级计划中一年建设班集体的目标任务让学生画了一幅画，画面上画着一颗苹果树，树干上写着"一年内建设成班集体"，树

枝上挂着 15 个苹果，每只都分别写上一个要求，这就是一年建成班集体的 15 条要求，其中 6 只已经涂上了黄色，说明已经做到了。这就是形象的班级中期目标。

近期目标

1. 全班行动平整操场一次，掀起体育锻炼高潮，在 11 月上旬举行的全校秋季运动会上誓夺年级组前二名；

2. 在教室里设置痰盂两个，由值日生负责涮洗，坚决消灭随地吐痰的恶习；

3. 购置暖瓶、茶杯在班上推行尊师一杯水活动，由各科代表给每位前来上课的老师敬开水一杯；

4. 每次下课以后请老师先行，尤其是下午第四节课，无特殊情况，同学们不得先于老师离开教室；

5. 秋冬之际，白天逐渐缩短，要杜绝上午第一节课出现迟到现象（特殊情况除外）。

第五节　编排座位有讲究

给学生编排座位，本是班级工作中一件极普通、极平常的工作，但这项工作带给学生的影响是很大的。座位的安排，关系到学生的学习情绪、纪律状况和班级课堂气氛的好坏，涉及到学生与学生、学生与教师、家长与教师，甚至家长与家长之间的诸多关系，问题交织，往往难以兼顾处理。那么，怎样才能给学生编排好座位呢？

一、使学生或家长对座位的编排有一个正确的认识

班主任要向学生或家长说明，学生无论坐在教室的什么地方，学习进步与否关键在于自身的努力，与座位没有必然的联系。同时，班主任更要教育学生懂得礼让，即便是自己喜欢的座位，当别人需要时，也应发扬风格，一事当前，先替别人着想。"融四岁，能让梨"，对于那些能主动让座的同学，班主任要大力表扬。

二、讲究必要的编排方法

尽管座位的安排与学生的进步没有必然的联系，但毕竟临近的学生相互影响较大，为统筹兼顾，优化组合，班主任理应采取一些必要的编排方法。

1. 高低法。以学生的身体的高矮为标准，从前到后依次排位。高的坐在后，矮的坐在前。这是确保每个学生都能看到教师板书和演示的一种方法。不足之处也是显而易见的，这种方法对学习成绩、同学之间的交往以及对有特殊需求的学生会照顾不周。

2. 性别法。这是因学生的性别编排座位的一种方法。按照男女间隔来做座位，原则上男女同桌。这种排列有利于男女同学间的交往和相互制衡监督，当然也可能会诱发早恋。

3. 轮换法。一般是使学生左右轮换着坐，纵行每两周调一次。若座椅、课桌能升降，也可前后轮换着坐。这是预防学生近视和斜视的一种方法。

4. 带动法。这是以优生带差生的一种编排方法。一般是让学习态度好、成绩好的学生和与之相反的学生坐在一起，"一带一，一对红"。不过在实际应用中，往往是效果不那么尽如人意，而且容易让差生产生自卑感。

5. 相投法。让志趣相投的学生坐在一起，往往能收到"高山流水"的效果。这对于增进团结、相互合作很有好处。但是这样也容易让学生之间形成各自的"小团体"，不利用同学之间的团结友爱。

6. 互补法。让分别存在同一方面的优缺点的两名学生坐在一起，相互取长补短，共同进步。这要求具有优点的同学对对方缺点必须具有一定的抵抗力，在优点上必须具有一定的感染力。

7. 间隔法。为防止一学生对另一学生造成不良影响，可在二者之间插入一个能抵抗甚至能消除这种不良影响的学生。此法也适用于削弱或排除外界不良因素对教室内学生的影响，如可安排一些自制力强的同学坐在教室的窗口或门旁。

8. 条件法。就是要对个别执意一定要坐或不坐某个位置的学生讲条件。针对其某方面的弱项提出合理的进步要求，满足要求，方可如愿。

当然，编排座位的方法不止这些，编排座位时，对上述方法尽可能视具体情况综合运用。班主任刚接新班时对学生还不甚了解，就只能综合高低法和性别法临时安排座位；当班主任对学生有了全面深入的了解后，就可以再综合其他方法安排座位了。如：综合运用带动法和相投法，在一个优生的左边编排一个后进生，右边安排一个优生。使他对左边的后进生产生补差功能，和右边的优生产生相投效果。上述前三种方法是最基本的，编排座位时，一般都要采用。

三、编排座位的技巧

编排座位除了要掌握上述方法外，还有一些技巧可循：

1. 兴趣爱好。信息时代，学生兴趣越来越广泛，好多兴趣是健康的，是有利于学生身心发展的。如果同桌之间兴趣广泛，爱好相同，那不只是对爱好本身有利，其他方面也会收到意想不到的效果。

2. 视力问题。编排座位时，不少老师会问上一句："谁近视？"有此一问，是想让近视的学生靠前坐。这是关心学生的表现。但这样做是不够的。姑且不说除近视外，还有远视、斜视者需过问、关照。单就近视而言，也有真性、假性之分，甚至真（真的近视眼）假（有恶作剧者谎称近视以图坐前；或因班级人数太多，怕坐后影响听课而说谎）之分。因此，老师应在编排座位前详细了解。再说，近视者也不一定非坐前面不可，很多是可以通过配戴眼镜往后坐（有时往后坐更有利视力的恢复）的。当然，如果近视的同学正在治疗矫正期，而治疗方案又不允许戴眼镜，应靠前坐。所以，编排座位时，对患眼疾的同学不能一概而论。

3. 同桌时间。这是指彼此之间同桌时间长，彼此相安无事，老师认为可继续同桌。这也是一个较易忽略的问题。其实，有的同桌虽有几学期乃至几学年的时间，且彼此情趣相投、学业进步，但如果只是彼此相处得来而与班级绝大多数同学谈不拢；或是彼此都成为"全优生"，编排座位时还是应考虑让其拆开。因为，如属第一种情况，彼此之间已形成一个封闭的小集体，这样继续同桌不利于素质教育所提倡的"学会相处"；如属第二种情况，则拆开可彼此帮助其他更需要的同学。还有另一种情况：学生在形成性格过程中发展变化较快，如果同桌之间各方面已"今非昔比"，不再适合坐在一起，编座位时也应作适当调整。

4. 背景因素。背景指的是家庭背景。不同的家庭背景对子女会产生不同的影响，如单亲家庭的子女可能会产生自卑等性格缺陷，"战争家庭"（家长常吵架）的子女可能会产生冷漠、多疑、残暴趋向等性格缺陷。所以，编排座位时应根据学生具体特点安排同桌，可安排"同病相怜"者，以期引起共鸣，从而共同拼搏；也可安排背景差距大，具有同情心、乐于并善于助人者同桌。总之，为此类学生安排同桌，应深入细致了解后再进行慎重选择，以求将其受家庭的伤害降到最低程度。

5. 居住因素。具有共同语言，能互相关心、互相帮助的同桌，课余时间共同探究、一起活动的需要也相应增多，所以，如果彼此之间居住距离不远也会提供不少方便。

四、座位编排需注意的问题

无论班主任选择什么方法来编排座位，有一些问题是需要注意的。

1. 不搞人情座位。如果有熟人或者朋友因为情面的缘故，要求班主任将自己的孩子座位编排靠前或者和学习、品行较好的学生一起编排，班主任应当主动抵制这种行为。学生何其敏感，如果被他们发现老师"偏心"，会降低班主任在他们心中的威信，所以在这方面，班主任一定要做到公正无私。

2. 不搞腐败座位。为了给孩子谋得一个位置较佳的位置，有些家长不惜利用金钱、物品等贿赂班主任，而有些班主任也将班级座位作为明码标价欣然笑纳家长的贡品，这些都是有损师德的行为，一定要主动抵制。

3. 不搞歧视座位。有些学生非常难以管教，是班里的"刺头"，班主任很是头疼，为了对他们进行教育，同时不影响其他学生的学习，班主任会在教室的某个角落设置一些特殊座位，比如讲台边上或者教室后面的某个角落，让这些学生独自坐在一旁。这是一种典型的歧视，对学生的成长和班级的管理，都是极为不利的，应该避免。

第六节　制定合理的班级规章制度

纪律是文明社会的各种行为规范。马卡连柯说过："应该给儿童暗示和提出的一个重要理论，这就是纪律能美化集体。"

任何一个学生，当他们考入新的学校，跨进新的集体，开始新生活时，都会有一种新鲜感和向上心，他们都想得到新老师和新伙伴的重视或好评，都不愿意暴露自己原有的缺点和弱点。作为班主任，就要抓住这个有利时机，从接班的第一天起，为贯彻《中小学生守则》、《中小学生日常行为规范》、学校的规章制度和纪律，为建立起一套课内课外的班规民约而努力。"没有规矩，不成方圆"。这件事抓好了，班级就会有一个新的面貌，今后就有可能形成良好的班风。反之，如果学生的向上心得不到及时的鼓励和肯定，班级就会很快松懈下去，以致形成坏习惯坏风气，以后再抓就要花费很大的力气。因此，接手新班后迅速严明纪律，建立班规的工作是万万不可迟缓和忽视的。

一、班规的作用

班级规章制度实质上是社会规范在学校生活中的具体表现形式，也是班集体形成和发展的准绳。一个班集体是否已形成，在形式方面可以看它有没有班集体成员共同遵守的严格的规章制度。严格的规章制度从正面告诉班集体的每个成员应该做什么、怎样做，因此，它对班集体的形成和发展具有重要的作用。

首先，它具有导向作用，引导学生遵守一定的规章制度，培养学生的组织性、纪律性，以严格的自觉的组织纪律促进集体凝聚力的形成和增强，使班集体沿着正确的方向发展。

其次，它具有约束作用，约束学生的言行，不能违背班级的规章制度，让学生按一定的规章制度要求自己，锻炼顽强的意志，并养成学生严格要求自己的好习惯，以此增强班集体的战斗力。然而，规章制度的执行，要与说服教育相辅相成，它与正面的舆论宣传、良好的班风影响相结合，才能充分发挥其约束作用。

二、班规的内容

班级规章制度的内容包括学习、生活、各项活动的规范。大致有四个方面的内容：学生在校学习、生活的常规制度；为建立班级良好的教学秩序而制定的课堂纪律及评比制度；按照国家的有关规定，帮助学生妥善安排一天时间的学习、生活、睡眠的规定；清洁卫生制度，包括室内、室外环境的清扫和保洁。

这四种制度都不可缺少。其具体名目有作息制度、卫生制度、住校生活制度、课外活动制度、团队生活制度、班级干部责任制、班主任职责、体育锻炼制度、优势班级别标准、奖惩制度、课堂公约、寝室公约等，这些制度可以帮助学生有规律地学习和生活，提高学习和生活的效率与质量，使学生德、智、体、美的全面发展得到保证。

三、制定班规的过程

制定班级规章制度的过程，就是组织学生共同学习、讨论，从正面对学生进行组织纪律教育，不断提高学生组织纪律性的过程。在这个过程中应注意以下几点：

1. 制定班级规章制度要体现国家教育方针政策的要求，要符合学生的特点和班上的实际。

要组织学生学习有关规定，并结合班上的实际组织讨论，以提高对所制定的规章制度的认识，形成共识，成为内驱力，使其具有权威性。这些规章制度既不能与学校规章制度相违背，又应有利于学校规章制度的贯彻执行；既要考虑到在本班的有效性，又不能影响其他班级的学习和生活；既要强硬，有惩罚措施，又不能违犯国家教育法规，错误地规定有关体罚、变相体罚等一系列的条文。

2. 制定班级规章制度要经过全班师生的反复酝酿，认真研究确定。内容要明确具体，条规要科学合理，文字要准确简练，易懂、易记、易行。

3. 制定班级规章制度要严肃、慎重，有关规定要有相对的稳定性，不能朝令夕改，否则会丧失规章制度的权威性，使学生无所适从，以致造成班级秩序混乱。

4. 班级规章一经制定，就应组织学生反复学习，坚决贯彻执行，使其成为学生的行动指南，并通过检查督促、评比、表彰等措施得以落实，使其充分发挥规范学生行为，调节各种关系，形成和巩固班集体的作用。

5. 在执行规章制度的过程中，要坚持思想教育为主，决不以规章制度代替班主任应做的思想品德教育工作，并在执行过程中根据实际情况不断完善规章制度。

第七节　树立良好的班风和传统

　　班风是班集体形成的标志之一，也是促进班集体形成和发展的必要条件。班风来自正确舆论的调节和积累，班风的稳定化、凝固化形成传统。从树立正确舆论到培养良好的班风，再到优良的班级传统，是一个精心设计和教育的过程，也是班集体逐步形成的过程。

　　班级目标是班级群体行为的出发点，而舆论、班风都是实现目标的支撑点。在围绕目标开展活动的群体行为中，可能会出现某些偏离现象，是与非的言行也将会交替产生，这就需要积极的舆论导向，进而得到班风的检测。否则，班级目标实现就会落空，班集体就难于形成和巩固。正如马卡连柯所说："任何东西也不能像传统那样能够巩固集体。培养传统，保持传统是教育工作中最重要的任务。"可见，树立良好的班风和传统是培养班级集体的又一条重要途径。

　　所谓优良班风主要表现为：整个班级积极进取，奋发向上，好人好事有人做、有人夸，不良倾向有人反、有人抓；学习目的明确，人人勤奋好学，个个学有所长，互帮互助，严守纪律，团结友爱；课外活动内容充实，多姿多彩；学生的主动性、积极性、创造性和主人翁精神获得充分发挥。

　　优良班风，只有在班级中大多数学生具有优良的思想、品质、作风时才能形成。而这种优良的班风一经形成，又反过来对形成、巩固和发展班集体，对教育班集体的每一个成员产生积极的作用。优良的班风的形成，除了学生自身因素外，班主任的言传身教和教育技能具有相当重要的影响力。

良好班风是要通过长期的培养才能产生的，不是靠一朝一夕的突击行动来达到，也不是单单依靠几项制度规定所能实现的，而是需要通过正确的方式和方法，加以积极引导，逐步形成的。

正确的集体舆论，是指在集体中占主导地位的、能够扶持正气、伸张正义、遏制错误思想和行为，阻止不道德的现象的意见和言论。它体现了国家教育方针的精神，符合社会主义思想道德和法纪的要求，并以议论、褒贬的形式，对符合公共道德、法纪要求、行为规范和整体目标的思想和言行，给予肯定、赞扬、支持；对与此相反的思想和言行给予否定、批评，甚至谴责。正确的集体舆论是班集体自我教育的重要手段，也是衡量班集体是否形成的一项重要标志。实践证明，正确的集体舆论能够助长健康的和进步的因素，克服和纠正消极的和错误的东西，从而帮助学生明辨是非，激发他们的集体荣誉感和责任感，有利于维护集体的利益，巩固集体的团结，形成良好的班风。每个班主任都应该十分重视集体舆论在班风建设中的作用。

一、加强对学生的正面引导、教育

对学生的教育必须坚持以正面引导和说服教育为主，这是一条教育的原则，符合青少年发展的规律。青少年正处在世界观形成时期，他们的社会实践经验少，是非判断能力差，因此，对他们要着重从正面引导。他们朝气蓬勃，积极向上，对他们进行正面教育，他们容易接受。对学生进行正面的引导和教育就是要培养学生积极向上的进取精神，使集体中的大多数人，至少使班级中骨干和积极分子树立坚定正确的是非、善恶、美丑、荣辱等方面的观念，具有比较强的识别判断能力，为正确舆论的形成打下坚实的基础。

二、要有目的、有意识地组织和吸引学生参加各种集体活动，在活动中培养正确的集体舆论

正确的集体舆论只有在集体活动中才能得以形成的。班主任要通过文娱活动、体育竞赛、社会实践、志愿者服务队、义务劳动等活动，培

养学生对集体的荣誉感和责任感以及为集体争光添彩的良好习惯。在活动中有目的地联系学生的思想实际，提升他们的思想觉悟，如通过开展"学雷锋树新风"活动，组织学生以小组为单位为班集体、为学校、为社会做好事，培养为人民服务的思想，通过贯彻《中学生日常行为规范》，狠抓文明礼貌的教育。通过开展丰富多彩的课外活动如参加军训，使学生懂得什么是错误的，应该反对和避免，什么是正确的，应该学习和坚持，从而规范自己的行为，逐步养成良好的行为习惯。要充分运用舆论阵地，诸如班会、团队活动、墙报、黑板报、思想评论等形式，针对班内、学校或社会上出现的一些现象，开展评论，对大家关心的问题展开讨论，扶持先进，维护正气，抵制歪风邪气，建立起正确的舆论阵地。

某校有个班的一名课代表，他每次把不交作业或抄袭作业的同学名单汇报给老师，从而引起了一些同学的反感，背地里叫他"叛徒"。班主任没有直接批评学生，而是在班里设了三个讨论题：老师究竟是哪边的人？如果你是这个课代表呢？认真负责忠于职守到底好不好？讨论取得了圆满的效果。这种方法不仅有助于集体舆论的形成，而且也强化了学生自我教育的意识。

三、发挥榜样的作用

班主任和教师是学生心中的表率，首先要发挥好教师的榜样作用，特别是班主任的榜样作用。古人云："其身正，不令而行，其身不正，虽令不从。"身教重于言教，教师的美好言行会给学生以潜移默化的影响。例如，班主任要提高学生辨别是非的能力，那么，你自己在是非、善恶面前就必须态度鲜明，不能似是而非或模棱两可。在注意发挥班主任自身榜样作用的时候，往往第一印象、第一次行为会给学生很深的影响，因此，班主任要懂得学生的心理活动规律，注意处处事事开个好头。比如，班主任上任要从工作的第一天抓起，作好第一次讲话，办好第一件事，处理好第一个问题，开好第一次班会，等等。

发挥好榜样的作用还要树立好学生中的榜样形象，因为学生中的先进典型与学生比较接近，容易模仿，因此，班主任要抓典型、树样板。有了好的典型，就可通过他们去带动其他同学，扩大积极分子队伍。典型的培养应是全方位的，如有三好学生典型、关心集体典型、学习积极分子典型、拾金不昧的典型、体育锻炼典型、助人为乐典型、后进变先进典型等。对于涌现出的各种先进典型要宣传，要表扬，要推广他们经验；对于坏的典型要及时地引导学生进行批评，不能使其滋生蔓延；坏风气不灭，好风气就难长。这样通过一件一件事例的积累，良好之风就会在班上逐步形成。

第八节　让和谐的班级文化熏陶学生

班级文化对人的发展具有巨大的隐形影响，因此，用文化来熏陶、感染学生，也是班主任的重要工作之一。班主任在进行班级文化建设的时候，要注意班级文化建设应是为实现班级目标服务的，所以，班级目标和班级管理理念应该是班级文化建设的指南，文化建设应该围绕班级目标去进行。

班级文化的核心是价值观，还有确保实现这一价值追求的规范。班主任怎样来建设班级文化呢？

一、班级文化建设首要的是建设起一个班级成员一致地积极追求，并有利于使他们积极发展的价值体系

学生在学校学习，随着他们年龄的增长，越来越受到他们的价值追求的制约。因此，学生的学习活动在本质上也是学习者价值追求的活动。然而班主任既不能一一指点，更无法规定班级成员的价值追求。但是，在一种文化中，价值追求作为文化核心，却无形地左右着该文化体系中成员的行动。聪明的班主任不是简单地教导学生应当追求什么，而是通过班级文化价值体系建设，使学生们乐于遵循这一价值体系。一种积极的价值体系能否为班级全体成员接受，关键在于班级中的每一成员是不是都能通过这一追求获得自身积极的发展。

某一班级中女学生较多，且大部分来自农村，生活朴素，团结互助，勤劳正派，集体荣誉感强。而有几个家庭富裕的女生，则表现出花钱大方，刻意打扮，穿奇装异服，浓妆艳抹，因自身"优越感"而自我主义严重，集体观念淡薄，与班级共性格格不入。对此，班主任采取

"明围暗攻，攻而不弃"的战术。"明围"就是利用班级例会提出此种现象并加以分析，营造一种"真正的美是心灵美，人格美，精神美"的集体审美意识包围她们，促使她们的个体审美意识发生改变。"暗攻"就是为了照顾她们的自尊心，通过私下谈心，正面引导她们明白自己审美观和个性修养的缺陷，从而自觉调整自己的行为，完善个性修养。"不弃"就是在心理上不抛弃她们，鼓励全班同学主动接受她们，影响她们，使她们真正感受到集体的温暖与力量。在班级集体与班主任的共同改造与影响下，这几位同学进步很大，基本上丢掉了恶习，力争做到勤俭节约，与同学的关系也友好起来。在一次班级为贫困生捐款活动中，她们用节省的零用钱，积极捐款，数额最多，受到同学们的赞扬和一致认可，逐渐融入到班集体中来。

许多班主任总是偏爱那些发展较好的学生，而埋怨发展较差的学生不争气。其实，我们应当想一想，作为班主任是否对有着同样追求的学生，创造了获得同样满足的条件呢？个体间的差异，生活的丰富多样性，要求教育者允许受教育者在积极发展自己的前提下可以有多样性的发展，这样一种文化环境才是班级每一成员都能获得满足自身的班级文化环境。班级文化建设当然也是班集体建设，但是它同一般的或以往的班集体建设的观点有所不同。以往的班集体建设，首先着眼的是"班集体"的形成，而班级文化建设，个体必须从班级文化中获得发展出发，考虑怎样的文化环境才是有利于班级成员积极发展的文化环境，而且怎样才能使班级每一成员在这一文化环境中更好地占有有利于自己积极发展的文化资源。

二、班级文化建设要与显性的课程文化相协调

教育者根据社会的要求有目的、有计划安排的学习内容是所谓"显性"的课程。班级教育的事实表明，学生在班级中并不只是学习显性课程中的东西，他们也在潜在的影响中学习，并获得发展。但是，班级文化建设并不是否定了作为显性课程的文化影响，显性的课程影响，

仍然是主导个体发展的因素当然也是班级文化建设的主导方向。班级文化建设作为对潜在课程的把握，对隐性影响的把握，并不是要在班级教育活动中，让学生背离按照社会要求制订出来的显性课程文化的价值导向与规范。这只是说显性课程文化作为学生发展的重要资源，对于班级成员来说，只有通过特定的班级文化才能够有效地占有。

对于个体来说显性课程文化作为影响个体发展的资源，并且作为经过选择与精心组织的资源，是最有价值的资源，但是个体必须在班级文化的条件下才能够占有这些资源。在同一个班级里生活的学生，虽然看似接受同样的教育，教育者给他们提供了同样的教育资源，其实在特定的班级文化结构中，班级成员占有显性课程文化资源的地位是不平等的，在"冲突"的班级文化中，个体与显性课程文化可能处于对立的状态。一种使得每一个体与显性课程文化协调的班级文化，也是班主任在班级文化建设中必须积极追求的。班级文化作为活生生的东西，它是由一个班级中的教师和学生在特定的时间与空间中，在交往活动中创造出来的。在师生的各种交往中，在同伴的各种交往中，一种意见，一个神态，一种行为方式，尤其是班级里由群体创造出来的一种气氛等，它们构成了班级与班级之间的差别。

三、班级文化建设要科学设计，恰当调控

健康高雅的班级文化是班风的外在表现，是优秀班集体的重要表征。它具有陶冶情操、健全人格等多方面多层次的教育功能。班级文化建设要通过在科学设计，精心装点，恰当调控，才能能够起到优化班风的建设。

1. 开展健康的活动文化与行为文化

它是指在教学中，对学生开展有教育意义的文化活动。

一是开展户外活动。春天和秋天到来时，可以经常带领学生们去开展户外活动。户外清新的空气，美丽的景色，可以调节学生紧张的学习生活。形式多样的户外活动既可以开阔学生的视野，锻炼学生的身体和

意志，培养学生博大的胸怀，增进师生的了解，融洽师生的感情，也丰富了学生的写作素材。

二是开展评选感动班级人物的活动。进行感动班级人物的评选，不要局限某一个方面，多一把尺子，就可能多一批好学生。可以评选最有爱心的同学、学习最刻苦的同学、最富有创新意识的同学、工作最负责的同学、进步最大的同学、最遵守纪律的同学等，让学生自己推选候选人，撰写事迹，再由推选委员会进行综合平衡，确定人选名单，并撰写颁奖词，然后举行颁奖仪式，并将他们的事迹和照片张贴在教室里的专栏中，进行广泛持久的宣传。

三是组织竞选班干部活动。一般班干部是由学生投票推选出来的，可是，长久使用这一种形式有几个问题：男女生比例的问题；推选出来的个别同学的主动服务意识可能不是很强。要改变这种情况，可以尝试采取竞选的方式。让愿意参加竞选的同学自己主动报名申请，给每个人平等的机会，体现了教育公平的原则。同时因为学生的主动参与，使得班干部增强了责任感、凝聚力和战斗力。

在诸类有意义的活动中，形成各种认同意识及正确舆论导向，培养学生良好的行为习惯和健康的约束机制，使健康向上的意识转化为学生的内驱力来影响其心理与行为。

2. 创建和谐的教室文化

教室是学生获取知识的场所，是开展班级活动，获取各种思想的主阵地。积极和谐的教室文化，对学生具有重要的美育作用，对于学生的心理健康、个性发展具有积极的暗示作用。

课桌文化。课桌是学生个人的学习领地。每个学期初，可以让学生在自己的座位上贴上写有自己的座右铭和班级管理目标、管理理念、崇拜的人或班内追赶的对象的纸条。每天让学生对着纸条思索 1～2 分钟，班级的目标和管理理念就会逐步地内化在学生个体的脑海中，从而约束在自己的行为上；每次考试后再让学生对着追赶的对象进行比较，这样学习的过程就是成了一个不断追赶他人，不断超越自己的过程，优秀的不会满足，落后的也不会泄气，充分地体现了教育面向每一个学生的思想。每天对着自己崇拜的名人或伟人，以他们为榜样，久而久之就自然成了自己的自觉追求，人生就不至于盲目。

黑板文化。教室里一般都有两块黑板。教室前面一块大黑板主要是供教师上课用，班主任也可以引导学生创造性地利用，如在黑板的一侧，开辟一日格言栏，每日由值日班长写上一则格言，要求学生用积累本按顺序记好，并利用早读时间来念叨念叨，充分发挥它在育人中的作用。这样既是学语文，也是精神加油，同时，也可以让学生展示才华，因为格言也可以让学生自己创作。

教室后面一般也有一块黑板，主要是用来出黑板报。很多班主任总是只让几个字写得好的、画画得好的学生出黑板报，这剥夺了其他学生的学习锻炼的机会，是有悖面向全体学生这个素质教育观念的。让学生轮流着出，也许在评比中得不到高分，但是，它却发挥了育人的最大功能。对于黑板报的主题，除学校的统一要求外，班主任还可以引导学生结合班级实际来定，如学习主题、母亲主题、感恩主题、诚信主题等，而在每个学期开学时，班主任还可以在上面书写欢迎或者祝福的话语，让学生一回到教室就有回到家的亲切和温馨。

专栏文化。除在教室的墙壁上，悬挂精心挑选的名人名言，还可以开辟一个固定的专栏，作为班级管理和学生才能的展示平台，如展示学生的优秀作业，张贴班级活动的剪影照片（如运动会后，将学生冲刺的精彩镜头和学生摇旗呐喊的镜头展示出来，让那些学习成绩虽然不太突出的同学，在体育运动方面找到自信，感受到自己对这个班级的贡献；评选感动班级人物之后，登载人物的事迹和照片，这既是让他们感到荣耀，也是激励学生争创优秀，是对正气的弘扬）等。可以定期在网络上搜集有教育意义的材料，如重要国际国内新闻、典型人物报道等，开拓学生的视野。还可以陈设班级荣誉，鼓舞士气。

讲台文化。讲台是教师讲课的主要地方，很多教室的讲台上是灰尘蒙面，一片狼藉，严重地影响教师上课的情绪，也有碍观瞻。这虽然是一个细节，可是很多时候细节决定成败。为此，可以和学生商量如何使讲台变得美观一些，在商量中让学生明白：讲台一要擦拭干净，二要陈设整齐，三要摆设美观。比如可以摆上一盆绿草，绿草的蓬勃生机，既可以让学生的眼睛得到放松，又可以让学生感到蓬勃向上的力量，同时也培养了学生对美欣赏和保护的意识，美化了环境。

3. 营造温馨的寝室文化

根据具体情况，在寝室内外适当设计文化氛围，包括寝室内外环境卫生的整洁，室内物品摆放的合理有序，装饰品的趣味典雅，最重要的是寝室成员和睦相处，氛围融洽，言谈举止的文明高雅等。温馨的寝室文化有利于缓解学习的紧张心理，有利于学生个性健康发展及优良班级文化的形成。

第九节　合理选拔和培养班干部

学生干部是班主任的得力助手，是形成班集体的核心力量，也是班集体形成的一个重要标志。一支好的班干队伍要具备以下条件：①在班集体中有一定威信，具有某一方面或多方面的能力，并乐意为班集体奉献；②严格要求自己，保持班内"众望"的标准，并力求不断提高；③是班级正确舆论的中心，有一定的号召力；④成员之间互相支持、协调；⑤既接受学校教师指导又不听命于教师，自己能根据班内外实际情况独立、主动地开展工作；⑥是班级学生的榜样所在。

选拔和培养班干部，班主任应具备崭新而科学的"学生干部观"。优秀的学生干部无疑是班主任的得力助手，但又不仅仅是助手，他们既在工作上给班主任以有力的配合，又作为全体学生的代表对班主任工作进行有效的监督。同时，班主任培养学生干部的目的，也不只是为了使自己轻松，而是为未来培养组织者、管理者。

在班级管理的实践过程中，学生对学生的管理是最直接有效的，学生对学生的教育是最省时的，有人说班干部是班级的灵魂，如果一个班级没有了班干部，它就缺少了灵魂，没有了灵魂的班级只能是一盘散沙。班干部也可以形象地比喻为班级的骨架，帮助班主任撑起一个拥有几十人的班级，优秀的班干部可以管理好班级的各项事务，从而也使班主任从繁重的班级事务中脱身，将自己的更多精力更好地投入到教学之中，投入到班级整体发展的构想之中。

如果我们把学生干部的选拔和培养放在育人的高度来认识，我们就不会仅仅着眼于少数学生。从教育心理学的角度看，每个学生都希望自己受到信任，渴望自己的长处得到展示，这种正常心理，理应被教师尊重，这就要求班主任在选拔任用班干部时讲究培养选拔的技巧。

建立一支责任心强、品行端正、工作大胆的班干部队伍，班级管理便成功了一半。班干部的选拔是一个涉及人的工作，也是班级管理中一个极为敏感和重要的工作，所以在实施的过程中要特别注意坚持原则，防止偏差。

一、在班干部选拔过程中，要坚持公正、公平、公开的原则

对许多学生来说，班干部是一个岗位，更是一种荣誉，是老师和同学对自己的肯定，所以学生是非常重视和关注班干部选拔的。班主任要利用好这个教育机会，展示自己的管理理念，彰显自己的人格魅力。首先就是要公正，班干部的任用不能徇私情，不要掺杂人情世故的因素，不能把班干部作为一种奖励或是班主任的馈赠，它就是一个岗位，一个需要你热情付出的工作岗位，谁愿意，谁有能力，就谁上。其次是要公平，不要把班干部岗位与学习成绩、性别、家庭背景、毕业学校等相联系，而是要就事论事，每个学生都有机会，都是在同一起跑线上竞争。最后是要公开，班干部的选拔要透明化，不要因为担心自己看重的学生选不上，而采取暗箱操作。班干部的选拔本身就是一个教育学生的过程，教师要坚持身教，让学生在透明的竞争中，找差距，求发展。

二、坚持发扬民主与教师指导相结合

班干部的选拔是关系班级进步的大事，一个优秀的班干部队伍能很好地协助班主任完成班级管理，所以在选拔的过程中应坚持"三公"原则，发扬学生的民主，但不是完全地放任自流，而是有指导的民主。发扬民主与教师指导并不矛盾，关键是处理的方式要艺术、可接受。有的班主任采取无记名投票，不公开唱票的做法；有的班主任采取民主选举，再由自己差额决定的做法。这些做法虽然发扬了民主，但是干涉太明显，容易引起学生反感。有一个做法很好，就是班主任也参加选举，

但是班主任的选票折算成一定数额的学生选票后参与统计，而确定比例的权力在老师手里，老师可以根据对候选人的获胜概率，灵活确定折算比例。这样将班主任与学生放在一个层面上，既容易被学生接受，也容易实现班主任对班干部选拔的指导作用。

三、班主任的工作要有始有终、细致、到位

班干部的选拔是一个较为敏感而重要的工作，学生重视、家长关心，所以工作各个环节都要细致、到位。在前期准备阶段，要尽可能多了解些学生；在选拔标准的制定上，要注意征求学生的意见，要针对本班的学生实际和班级发展状况，不能苛求十全十美，关键是用其所长；在宣传和动员阶段，要坚持全班动员与重点学生个别动员相结合，做到有针对性、有实效；在选拔的过程中，要注意方法的多样化，不要机械化；在结果出来后，对当选干部要提具体的工作要求，对未当选的学生更要一一谈话，鼓励找差距，提出希望促发展。

班干部选拔产生以后，班主任大量的工作便是培养、指导和提高班干部独立工作的能力。培养班干部可从以下几方面进行。

1. 摸清班干部的思想脉搏

通过谈心、家访，了解班干部的内心活动，从中加以分析、引导，纠正可能产生的"当干部不划算"、"吃力不讨好"等消极情绪，使他们懂得当好班干部不仅是学校对自己的要求，也是全班同学对自己的委托和信任，以培养其愿意为大家服务的意识。

2. 培养学生当干部的热情

集体活动是培养班干部的重要途径。主题班会、节日庆祝会、校运动会、体育竞赛、春游、社会调查等，都是班干部展现其才干的舞台。在这些活动中，应当让班干部在"台前"亮相，而班主任在"台后"指导。这样，就会不断增强班干部的积极性和为集体服务的热情。班主任在实际工作中予以指导，是培养班干部的主要方法。

3. 处理好学习与班级工作的关系

班干部上任以后，班主任要帮助他们做抓紧时间的有心人，使他们处理好学习与工作的关系，做到既善于工作又善于学习。对一些学习上存在困难的班干部，班主任要发挥任课教师的作用，对他们进行个别辅导，使他们逐步闯过学习上的难关，坚定当干部的信心。

4. 支持、鼓励并发挥班干部的特长

班主任要充分相信班干部，放手让班干部开展工作。这并不是说班主任放任自流，而是在宏观上加以指导和调控，使学生干部各司其职，各负其责，做到班内事事有人管、人人有事做。班主任要从烦琐的班级事务中解脱出来，花时间和精力提高学生干部的能力。对班干部既要交给任务，又要教给方法；既要热情鼓励，又要严格要求；既要在培养中使用，又要在使用中培养。支持、鼓励并发挥其特长，是使用班干部的主要方法。

最后，需要注意的是，班干部要定期轮换，这是为了给学生自我表现提供机会。学生当干部，既是工作的需要，也是成才的途径。每个学生都有成才的愿望，而学生干部总是少数。实行班干部定期选举轮换，可以使更多的学生自我表现，得到锻炼和发展；也可以使多数学生有为同学和班集体服务的机会，增强管理能力、组织能力和竞争意识，从而使班集体充满生机与活力，形成生动活泼的局面。

学生管理篇

　　学生作为班主任工作的对象，无疑是班主任工作的重中之重。一个学生不仅是一个鲜活的生命，而且是一个丰富多彩的世界。苏联教育学家苏霍姆林斯基曾说："每个孩子都是一个完全特殊、独一无二的世界。"作为教师，管理学生一定要因人而异，要善于发现每个学生不同的个性，走进他们独特的个性世界，对他们加以引导和帮助，让每一个学生都享受到爱的阳光雨露，在温暖、滋润的环境中茁壮成长。

第一节 做好优等生的培养工作

优秀生固然有其优秀的一面，其发展潜力很高，在班集体中的作用也很重要，班主任对他们提高要求标准并投注一定的教育力量也是必要的，但在教育实践中，班主任也常出现认识上的偏差导致教育的低效甚至失效，主要表现在以下三个方面。

其一，要求标准上的偏差导致教育方法不科学。

有的班主任用过高的标准看待、要求优等生，仿佛他们是"不食人间烟火"的神。要知道，优秀生也是学生，有普通人的生理、心理的需求和一定的承受极限；同时，他们的优秀也是相对的、动态的，既存在个性差异，又存在年龄差异，因此对他们的教育要遵循教育规律。

科学的教育体现在开发、引导、支持上，调动他们的主观能动性，而不是靠挤、压、管，对其进行强制的"掠夺性开采"，这样只能导致优秀生生理和心理负担过重，身心的平衡遭到破坏，青春活力受到压抑，出现自身对其潜能的保护性抑制现象。

因此，班主任要特别注意不要将成人的目标强行塞给一个具体学生，要给优秀生自主选择人生奋斗目标的权利，不要将他们对日常生活的支配权全部剥夺，使他们成为"笼中鸟"，还给他们青春的自由，还给他们飞翔的权利；不要强迫压抑他们的天性：他们可能是顽皮的孩子，在课间他们有可能是游戏中的"反面人物"，但这不影响他们在正常的学习生活中是优秀生。当然这些并不意味着对他们放弃教育，而是要使教育更加科学。

其二，教育观的偏差导致教育的失误，影响了优秀生的全面发展。

　　班主任应对全体学生负责，他对每个学生都应是负责的、公平的。"面向全体学生"应是教师职业道德在学生观上的具体体现。同时，就优秀生本身来说，他们的发展也应是全面的，因而对优秀生实施全面的教育才是真正按教育规律办事。而有些班主任在实际工作中却没做到或没做得很好。他们有时牺牲大多数学生的利益，把本应投注于大多数学生身上的教育力量都投注于优秀生身上，搞"特殊照顾"、"开小灶"，这种做法很可能使优秀生心理适应能力的发展受阻，同时造成优秀生在班级交往环境中被孤立和拒绝。

　　也有的班主任"片面追求升学率"，只注重优秀生的文化课学习，而忽视对他们品德等方面的培养，或只注重知识的灌输，忽视能力训练，造成他们"高分低能"、"高分低德"，成为畸形发展的人，这是对教育事业极不负责的做法。

　　其三，"晕轮效应"往往导致教师对优秀生主观印象的绝对化。

　　优秀生的概念是动态的，又是相对的，这两个特点决定了班主任不能把优秀生看成是一件已经完成的"作品"，在他们的发展中也很容易出现一些问题，如爱虚荣、自傲、自私……教师要经常了解他们的学习生活情况，及时发现问题，及时解决问题，以免使优秀生在发展中伏下隐患，导致教育失败。

　　由于认识偏差的存在和教育方法的失当，或者是优秀生自身存在的问题，优秀生教育中会出现一些误区，这就需要班主任正确掌握培养优等生的方法和策略。

一、沟通交流，准确把握。

　　在培养优秀学生和树立典型时，要加强与家长、优等生、同学、任课教师四者之间的沟通交流，全面了解考察，做到心中有数。可以采取走访、座谈、谈心等方法，掌握第一手材料，力求一个"准"字，不能把一些道听途说作为处理问题的依据，更不能凭一时一事的印象一锤定音。要在准确把握的基础上，树立过得硬的典型。

二、培养兴趣，全面发展。

优等生往往承受着巨大的压力，对学习不敢丝毫放松，更不敢去做其他与学习无关的事情，整天除了学习还是学习。教师应创设时机来激发优等生的学习动机，把他们由被动学习为主动学习、快乐学习，还有，鼓励优等生参加其他活动来适当放松一下自己，培养各种兴趣爱好，如体育活动、书法绘画、乐器舞蹈等，让优等生走出教室，走向社会，发展为一个德、智、体、美、劳等各方面全面发展的学生。

三、一分为二，长善救失。

优等生的积极因素，在他们身上固然占主导地位，但他们并不是十全十美的人，总是或多或少的隐藏着一些不易被人发现的消极因素。因此我们要事实就是地对待他们的优缺点。对于他们的优点（学习成绩好）要充分地肯定，创造条件让他们更好地在班集体中发挥骨干作用，在同学中各方面起带头作用，引导他们向更高的目标奋斗。培养他们勇于承担重任的责任感，如在大扫除中，鼓励他们承担又脏又累的工作。在活动中，他们会发现自身的不足之处，深深地感到：老师的偏爱不是享受，更多的是付出。

另外，要善于发现优等生的消极因素，对他们的缺点，哪怕是微小的缺点，也要设法帮助他们改正。因此，要对优等生一分为二，要引导他们多了解自己的不足，虚心地学习其他同学的长处，做到"以人之长，补己之短"，"严于律己，宽于责人"，培养他们善于正确评价自己的习惯，在班级中找准自己的角色定位。

四、掌握分寸，合理评价。

优等生最明显的心理特征是自尊心强，对事情比较敏感，而且习惯于生活在鲜花和掌声里，稍有一点的批评就会令他神经过敏，自尊心受挫。因此，班主任要给予适当的表扬与批评，以免挫伤他的自尊心，合

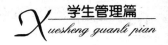

情合理的评价，既让学生看到自己的闪光点并发扬光大，也看到自己的不足，认真克服它，这样优等生的心理包袱自然就会放下来，轻装上阵。不过要注意的是，班主任的评价要秉着公平的态度，不能因为他是优等生就采取大事化小、小事化无或者对优等生严重处罚。

五、互帮互助，共同进步。

在优等生的管理教育中，开展先进与先进、先进与后进的两个互助活动。先进与先进互助活动，有利于先进学生之间的相互了解，相互学习，相互促进，取长补短，共同提高；有利于相互团结，更好地发挥先进层的群体作用。先进与后进的互助，可以有效地防止先进、后进两脱节的现象。在互助中先进学生可以不断向后进学生传播知识，做好后进学生的转化工作，以带动越来越多的学生一道成长进步，还能培养优等生团结协作意识。

六、磨炼意志，健全心理。

梅花之所以为人人所赞颂喜爱，是因为它能够忍受烈日的煎熬、风寒的考验。同样是"花房里鲜花"的优等生，要想"散发芳香"，就必须经得起"风霜"、挫折、批评、委屈等。教师应培养优等生良好的心理素质，要针对其不同特点，加强心理疏导，指出他们自身存在的不良行为，帮助他们采取有效措施加以克服，排除嫉妒心理，丢掉虚荣心，培养其意志力、挫折耐受力，使他们不断形成良好的心理素质，以取得更加优异的成绩。教师应指导优等生自我调整情绪，指导学生如何在不愉快时逐渐开朗起来，受挫后自我激励，从而达到平衡的自我调节方法。帮助优等生处理人际交往中出现的障碍，指导学生进行积极的人际交往，参加社会实践等各种活动，增强集体观念，和谐人际关系。

总之，学习成绩优秀是优等生的光环，然而教师却不能对光环下的"黑点"视而不见。教师应积极引导优等生树立更高的人生目标，提出更高的学习和道德要求，使他们都能在自己原有的基础上不断进步，真正成才！

第二节　加强中间生的管理和教育

中间型学生是指相对于各个特定的发展阶段，其各项素质的总体情况低于优秀生，但其素质的重要方面基本达到了教育目标的学生，他们在学生总体中占大部分。中间型学生存在的主要问题有以下两个方面。

首先是惯性认知的问题。许多中间型学生在认知水平上的特点是其已形成的认知方式、认知能力诸方面的认知品质是有缺陷的或不科学的，影响着学生的进一步发展，但由于长期受教育环境的错误强化，使这些认知品质相对稳定，形成了定势，学生自身也在自动化地以这种定势化了的认知结构为基础进行学习，常常意识不到其认知机制运行中的问题，从而形成了惯性认知。

例如，我们在教育中说得最多的是"勤奋出天才"，强化"勤"的一个副作用便是忽视了学习过程中遗传、环境、方法等因素，长此下去，一些学生便把"勤奋"作为提高学习成绩的唯一有效方法，一遇成绩不理想，便不假思索地归因于"学习不够勤奋"上。

这种惯性认知不但影响着学生的学习成绩，而且影响着学生自我意识的发展，并且在中间型学生中这种惯性认知很普遍地存在着。这种惯性认知之所以形成，主要原因在于教育者缺乏必要的教育诊断和培养能力，没有早期发现问题或对发现的问题不能及时、科学地给予矫正。

其次是存在惰性心理的问题。一些中间型学生在对待学习生活的态度、动机、兴趣等方面的水平不高，其情感表现和意志努力程度也平淡如水，用他们的话说是："不求有功，但求无过"、"60 分万岁"，这就是惰性心理。他们对优秀生不羡慕不嫉妒，一般的教育激励和正常的号

召很难改变他们甘居中游的心理，他们不拒绝督促，但很少主动。

惰性心理的核心是自卑，而自卑的产生与教育环境、自身心理素质有着密切的联系。中间型学生惰性心理产生原因往往是由于教育环境给予他们的期望值不高。值得注意的是，在应试教育思想的影响下，一些班主任从自己不科学的教育观出发，一旦主观认定学生在学业上没有"培养价值"，便基本放弃了教育，中间型学生便是这种做法的主要受害者。当学生从教育者的表现中看出了其中的"含义"后，往往容易丧失信心，产生自卑感。

另外，学习中遇到的挫折，也是中间型学生产生自卑感，并进而形成惰性心理的原因。许多中间型学生曾有过很强的进取心，也曾有过积极努力去进取，但由于遭受挫折后没有得到及时指导，或本人心理承受能力较差，从而导致了自信心不足，如果类似挫折又发生，失败的感受再次被强化，便极易形成自卑感，使中间型学生一蹶不振，失去奋发向上的动力。

当然，我们在分析中间型学生的特点时也应看到，大多数中间型学生的"中间性特点"不是绝对的，他们具有很强的可塑性。教育家布鲁姆在许多国家进行的教育实验的结果证明只要教学有方，95%的学生都能学好课业（有1%他认为先天病理缺陷）。因此，对于班主任来说，中间型学生的教育是一项必要而又重要的工作，中间型学生大有潜力可挖。

那么，班主任在培养教育中间型学生时，应该遵循怎样的原则和方法呢？

一、端正对中间生的看法

在班级管理教育中，班主任应当多留意班中那些平时默默无闻的学生，不要因为他们看上去安分守己而淡忘他们，要尊重和接纳他们，要多了解他们，多关心他们，多鼓励他们，多给他们一丝和蔼的笑容，一束信任的目光，一声温暖的问候，一个轻抚的手势，以引起学生的

共鸣。

尊重与接纳学生是教师对学生爱的体现，也是教师对学生的爱的能力的体现。当一个教师真正地在爱一个学生的时候，也是他最相信对学生无限发展的可能性的时候。许多班主任都有因经常关心鼓励中间层次学生，并对他们表现出极度的信任而使他们突飞猛进的经历。

二、与中间生交心

苏联伟大教育家苏霍姆林斯基认为：教师应当把自己的心分给每一位学生，在教师的心中应当有每一个学生的欢乐和苦恼。一些教师在平时的班级管理中，也能留意这部分中间层次的学生，希望同他们交心，只是不知道该如何叩开他们的心灵之门。

在教育中，教师对学生的同理心是开启学生内在心智世界的钥匙，是教育效能产生的前提。教师对学生的感受、情绪、价值观和行为表现等领域的同理心将促进师生良性沟通。在具体的教育过程中我们可以依照下面三个步骤：①站在对方的立场设身处地地去理解对方，对学生向教师所传递的看法和感受持接纳态度；②了解导致这种情形的因素；③通过语言或非语言的形式，把这种对对方设身处地的理解传达给对方。

只有有了以上的认识班主任才能做到与学生进行心与心的撞击，情与情的交流，让学生了解自己，信任自己；并通过对他们的个性、爱好、兴趣以及他们的烦恼、困难和要求的了解，以热心热情去关心、指导和鼓励他们，从而叩开他们的心灵之门，使他们取得思想品德、学习成绩的更大进步。

三、因材施教，做好中间生的心理疏导工作

孔子说过：因材施教。现代教育思想也认为：教无定法。教育是多元化的，没有最好的单一的教育样板可以让教师照搬。在班级管理中，也用得上邓小平的"白猫、黑猫"理论。有效才是硬道理。对中间层次学生的管理更是如此。

中间层次的学生看起来似乎循规蹈矩，很少惹是生非，其实他们的内心世界是很不平静的，他们羡慕优等生的成绩和荣誉，也希望得到教师和同学的信任和尊重。但是由于各种原因，他们往往表现得或进取心不强、安于现状，或缺乏自信，无法发挥潜能，所有这些都会给班主任班级教育和管理带来困难和阻力。

因此，班主任要花大力气帮助他们消除心理障碍，具体问题具体分析，因材施教，班级整体教育与个别教育相结合，做好心理疏导工作以促其奋发向上。老师的责任是帮助学生了解他自身的感受，帮助他探索他自己的真正问题并自行解决。要晓之以理，动之以情，励之以意，导之以行。

四、提供机会，给中间生插上腾飞的翅膀

学生的进步主要靠自身的勤奋努力，但有时离不开教师给他们提供有利机会，班主任应当改变由优等生一统天下的班级管理模式，给中间层次的学生提供更多展示自己能力的机会，鼓励他们勇敢地站出来，积极参与班级管理。如分配他们一定的任务，及时表扬他们在完成任务时所表现出来的责任心和积极性，以增强其信心和勇气，进而帮助他们提升前进的目标。同时，班主任还应当争取科任教师的配合，让课堂也成为中间层次学生展示自己能力的大舞台，调动他们的学习兴趣，增强他们的学习信心，提高他们的学习成绩。总之，在一个班级集体里，中间层次的学生思想进步了，成绩提高了，会促使优等生更上一层楼，也容易激发后进生赶上去。这就能共同进步，实现班级管理的整体优化。

第三节 做好后进生的转化工作

所谓后进生，就是在思想品德、学习成绩以及其他方面暂时落后的学生。他们在身心发展、兴趣爱好、意志性格等方面存在着个别的差异。要想成为一名合格的班主任，就必须做好后进生的转化工作，其实这也是每一位教育工作者的义务和责任。而且要当一名优秀的班主任，就必须对学生"爱之深，知之备，导之以微，喻之以理"，即要热爱学生，了解学生，善于诱导，这样才能教育好学生，改变后进班的面貌。大量事实表明，后进生并非天生的后进，也并非无可救药。后进生是可以转化为先进生的。但要做好后进生的教育转化工作也绝非易事，这需要掌握恰当的方法，才能取得事半功倍的效果。

我们应当看到，多数后进生不是天生的，而是在后天的生活环境中形成的，形成的原因也是多方面的。其中既有学生本身的因素，也有社会和家庭的原因，还有教育工作的失误。

后进生在学习、生活过程中，由于碰到各方面的困难或问题不能获得及时的帮助，经一段时间后导致其在思想道德行为和学习成绩方面与一般学生拉开了差距。他们对学习没有了兴趣，课堂上开始不听讲，课后不完成作业，逐渐养成了自由散漫、贪玩、不诚实、懒惰等不良习惯，渐渐成了班级或学校的"后进生"。那么，对于这些学生，班主任应该如何进行转化呢？

一、体现爱心是转化的前提。

巴特尔说过："教师的爱是滴滴甘露，即使枯萎了的心灵也能苏醒；教师的爱是融融春风，即使冰冻了的感情也会消融。"爱心，是班主任教育工作的前提、基础、动力。对后进生，班主任首先要把真诚的爱给予他们，平日里从言行尊重他们，关心他们。他们的过错，班主任要理解、宽容，主动在情感上接受他们，使师生之间架起和谐的情感桥梁，给他们温馨的感觉。"没有爱，就没有真正的教育。"对后进生来说，班主任的爱是一种神奇而伟大的力量。对后进生，班主任更要应用平等、爱护的态度去引导他们在日常生活中的成长发展，不能用班主任的所谓"权威"去迫使他们接受不愿接受的东西。班主任应时刻铭记教育家陶行知的告诫："你的教鞭下有瓦特，你的冷眼中有牛顿，你的讥笑中有爱迪生"。

二、维护自尊是转化的基础。

后进生也有强烈的自尊心。因为他们常常受到歧视，所以更希望得到尊重和信任。要想教育好后进生，就需要教师端正态度，摘下有色眼镜，将后进生与其他学生一样看待，不讽刺挖苦，充分地尊重和信任他们。

三、交流教育是转化的关键。

后进生都有一种自卑和恐惧的心理，他们常常把自己与外界沟通的心扉关闭起来。要转化后进生，做好与后进生的交流工作是重要途径，它是转化后进生成败的关键。所以，班主任要注意探求与后进生进行交流教育的方法和策略。班主任在交流教育时要把握两个方面：首先，班主任要选准交流教育时机。其次，要注意选择恰当的交流方法。

四、欣赏激励是转化的策略。

美国心理学家威廉·詹姆斯有句名言："人性最深刻的原则就是希望别人对自己加以赏识。"他还发现，一个没有受过激励的人仅能发挥其能力的 20% ~ 30%，而当他受到激励后，其能力可以发挥 80% ~

90%。可见，在转化后进生工作中，表扬激励的运用也极为重要。后进生虽然有很多不足之处，但即使再差的学生也总有某方面的特长或优势，比如学习差的，他在音乐、美术方面有特长，老师要善于捕捉他们身上的闪光点，适时的加以表扬。法国教育家卢梭曾经说过："表扬学生微小的进步，要比嘲笑其显著的恶迹高明得多。"后进生一旦从教师一个赞许的眼神、一个真诚的微笑、一句由衷的赞语、一下轻柔的抚摸中意识到被重视、被赏识，便会感到无限的温暖，如同受折而焦渴的小苗吮吸甘甜的晨露，进而点燃希望之火。

五、循序渐进，持之以恒地关注是转化的保障。

后进生的思想行为都有反复动荡的特征。他们的转化需一个过程，常常出现反复。班主任应反复抓，抓反复，洞察他们在转化过程中的心态，找出反复的原因，认真分析，对症下药。因此，班主任对后进生的转化工作，是一个长期的工作，不可急于求成。如果认为通过一两次的交流教育，就能使后进生发生根本性的转变，那是不可能的。当学生情况出现好转时，切不可认为转化工作已大功告成而鸣金收兵，使还不够稳定的学生又回到原来的状态而前功尽弃。班主任还要继续对学生进行交流引导，使其彻底转化。如果出现反复，班主任切不可急躁，要相信学生，维护其自尊，冷静分析原因，及时调整策略进行交流教育，帮助他们剔除恶习，端正思想，健康发展。

六、协同教育是转化的必要。

建立学校、社会、家庭三结合教育机制对于转化后进生来说，是一计良策，不少后进生的形成与学校教育的缺陷有关，还与家庭、社会的消极影响有关。学生的成长与发展不是学校单方面的事，它是学校、家庭、社会相互作用的结果。家庭教育与社会教育的成败会直接影响学校教育的效果，而家庭教育对学生的影响作用更为突出。因此，班主任对后进生的转化工作不能是"单兵作战"，应该密切联系学科教师和学生

家长。大家深入研究，真抓共举，形成教育合力，共同促成学生的健康成长。

总之，对后进生的教育方法是多种多样的。在教育教学中，教师必须因材施教，走有效途径。只要班主任始终对后进生怀着真爱与尊重，深入分析，运用行之有效的教育引导方法，积极进行转化，后进生一定会变成好学生，成为社会的有用之才。

第四节　学一点表扬学生的技巧

　　表扬是对学生好的思想和行为给予肯定的评价，其目的是使受表扬的学生明确自己的优点和长处，并得到进一步的巩固和发扬，它是一种积极的"强化"，是调动学生积极性的重要手段。

　　罗曼·罗兰说得好："要散布阳光到别人心里，先得自己心里有阳光。"表扬就如和煦的阳光，能使濒临枯萎的小树重现生机，能使学生在阳光灿烂的日子里健康成长。美国著名作家马克·吐温曾经夸张地承认，一句好的赞词能使他不吃不喝活上两个月。绝大多数人的内心都有这样一种隐秘，都想时常得到别人的赞许。对别人成绩的称赞，既是一种鼓励和肯定，又是一种信任和友好。

　　心理学研究表明，对人们的良好思想和行为作出肯定的评价，能使人产生愉快的情感体验，受到鼓舞，焕发更大的积极性，学生尤其如此。当学生受到表扬时，他会感到班主任和同学们都很器重他，爱护他，这样，师生关系就有可能向好的方向发展。

　　表扬更为深远的影响是，它能使学生体验到一种自尊感和成功的喜悦，从而激发出追求新的目标和新的成功的强烈要求和愿望。表扬不仅影响着受表扬者，还会教育其他学生，使学生从中辨别什么是好的和应该怎样做，引导学生去重复社会所赞许的行为。因此，表扬是良好行为的强化剂，是教育活动中常用的正面激励方式。

　　首先，表扬具有强大的激励作用。教师对学生的出色表现给予褒奖和宣传，例如"你为班级争了光，是同学们的学习榜样"这些称赞的语言不仅当事人会受到鼓舞，其他同学也会受到明显的情绪感染，这种激励性的表扬，对受教育者有明显的鼓励作用。

其次，表扬具有鲜明的强化作用。儿童在小学阶段，由于年纪小生活经验少的原因，他们的知识、心理、行为的稳定性较差，他们对生活中是非、善恶现象的识别能力不强，教师具体的表扬，能帮助学生强化识别是非、善恶的能力。例如"帮助同学是一种美德"，"作业按时完成，是爱学习的好习惯"。教师这样的表扬语言，使学生能明确地认识"美德"和"好习惯"的概念，对强化学生正确的思想认识，具有鲜明的肯定作用。

再次，表扬往往还是一个重要的引导信号。如某位学生捡起一块橡皮交给老师，某位学生拣起地上的纸屑放到垃圾筒里这些小事。在学生的眼里极不起眼，而教师却发现了它的积极意义，对学生进行及时的表扬，这样的表扬，会使学生直观地认识到"诚实、关心集体"等优秀的思想品质，从这些不起眼的小事中就可以表现出来，这种对小事进行公开的、扩大化的表扬，是老师对学生认识优良品质的一种引导。

第四，表扬在特定的场合下又是一种良性暗示。在一些集体活动的场合下，学生行为的随意性、盲目性、不稳定性，会明显地表现出来。老师为了不破坏活动的气氛，同时也为了制止一些无意识的违纪现象，可以用表扬来暗示学生要遵守纪律，防止出现意外事故。在集体活动前说："上次在操场上开大会，第一小组的同学纪律最好，没有一个人讲话，今天我们全班同学，都要向他们看齐"，"今天看电影，全班同学进出场能按顺序进出，这种做法很好，既快速又安全"等。这样面对全体的表扬，既不会伤害违反纪律的同学，又会使个别同学无意违反纪律的现象有所收敛，对全体学生在集体活动中的要求是一个很好的语言暗示。

班主任在教育学生时，光有表扬学生的意识还不够，还需要具备一定的表扬技巧，才能使这一教育手段发挥更大的作用。

一、表扬要具体

未成年学生明辨是非的能力不强，当老师笼统的表扬时，有时会感到自己确实各方面做得都不错，易产生自我满足感。这就要求老师在表扬时切忌笼统。当发现学生的闪光点时，要特别指出，使之有追求更高目标的意愿。如在看到学生专心读书时，鼓励说："你读书真专心！以这样的方式读书、学习，自己的知识怎能不越来越丰富?"平时看到某个作业不认真的学生因为老师的叮嘱偶尔写好了一次作业，真诚地说："如果你的作业每次都写得这样认真，那该多好啊!"这样的表扬既培养了学生的自信心，又使学生有目标可寻，自然不会产生自我满足感。

二、表扬要适时

发现了学生的点滴进步或闪光点，老师要趁热打铁，及时表扬和鼓励。不要等到孩子的进取心冷却了，上进心消失殆尽了，再表扬和鼓励，削弱了表扬的效果。

三、表扬要持续

任何成绩的取得都不是一朝一夕的事情，学生的进步也有持续、发展的过程，只有积聚了一定的量变才会发生质变。因此，教学中发现孩子的优点、长处，要不断鼓励、表扬，使学生有成功、喜悦感，并且自信心逐步增强，不断挑战自我，向着更高的自标奋进。

四、表扬要真诚

虚伪的表扬，不但起不到树立学生自信心的作用，有时学生还以为这是老师对他的嘲弄、讥讽。因此，表扬学生应持真诚的态度，使学生感受到教师对他的劳动是尊重、赏识的，愿意欣赏他的劳动成果。这样可以激励学生取得更加优异的成绩。

五、表扬要得当

不能就学生某一方面的进步无休止的表扬，要把握好表扬的分寸，以免使学生产生沾沾自喜、目空一切的念头，这样就与预期的目标就背

道而驰了。

　　由此，我们可以清楚地认识到，表扬是对正面教育、集体教育等思想教育原则的具体运用，也是对学生行为的肯定和心理的正面强化。表扬的方法运用得当，会激发学生的向上意识。这种做法尤其适合学生的认知发展水平，它对学生形成正确道德观念有明显的效果，它可以吸引学生把注意力指向自己积极的行为，不断地取得进步，最终得到强化。因此，表扬是教育学生的行之有效的一个好方法。每一个教育工作者应该认识到它的重要性，学会在不同的场合使用它，这样会使我们的教育，更具有实效性。

第五节　懂一点批评学生的艺术

批评，是班主任对学生的不恰当思想言行给予的否定的评定，以唤起学生的警觉，去努力改正自己的错误和缺点。批评是班主任对学生进行思想品德教育常用的一种方法，其根本目的是要引起学生思想的变化，使学生真正提高认识，提高觉悟，提高思想素质，变得更有道德和教养，从而少犯错误。换句话说，批评是为了不批评。

为了使批评能够收到良好的效果，班主任在对学生进行批评教育之前，要弄清学生错误的事实和来龙去脉，进行符合实际的恰如其分的批评；要有耐心，允许学生申辩，并通过摆事实、讲道理帮助他们认识错误，指出改正的办法，启发他们自觉改正。

与此同时，要充分估计被批评者可能作出的反应，设法防止其反应的消极方面。要从团结的愿望出发，尊重学生的人格，鼓励学生自我改正的信心。批评要取得学生集体的支持，以加强批评教育的作用。作为教师的班主任要教育学生正确对待批评，不讳疾忌医，不因受到批评而失去上进的信心。

一、适当的批评方式

作为一名班主任，不仅要掌握批评的含义和目的，还必须掌握批评教育的方式方法。

1. 渐进式的批评方式

批评要有层次，逐步深入，而不是一股脑儿把批评的信息全部抛出。这种批评方式对自尊心较强的学生非常适宜。学生在学习、生活和

纪律方面偶有差错，如果当众批评，而且用语尖锐，就会使被批评的学生一时下不了台而产生对立情绪。因此，用渐进式批评方式，可使其逐步接受批评，不至于一下子"谈崩"。

2. 启发式的批评方式

以暗示为主要手段，用提醒、启示或提问之类的语言与被批评的学生谈话，也可以用微笑、眼神、动作提醒学生，以示批评。比如学生上学迟到几分钟，或上课时偶尔望了一下窗外，这时，老师对着微微一笑，或做一个手势，他就会意识到自己的不对。

还可以用沉默的方式，对学生进行批评。例如，上课时有些学生思想开小差，老师可微露不悦并沉默不语，突然中断讲课一分钟左右，就会给学生造成一种心理压抑，领悟到老师内心的不满和责备，便立即警觉起来，思想也就集中起来了。这比大发雷霆好得多，能收到"此时无声胜有声"的效果。这种批评方式对善于思考、性格内向、思维机敏、疑虑心理较重的学生更为适用。

3. 商讨式的批评方式

这是一种较为缓和的批评方式，班主任可用商讨问题的态度，把批评的信息传递给被批评者。这种批评方式，发现学生的不良表现后，不是以居高临下的姿态去训斥他，而是以平等的态度，心平气和地与之商讨不良表现的不良后果以及改正的办法。

譬如初夏来临，学生听课容易疲倦，打瞌睡的现象时有发生，发现学生打瞌睡时，老师可把他轻轻地摇醒，待下课以后再与之谈话："是我的课讲得不好提不起你听课的精气神，还是你昨晚睡得不好以致今天精神不振呢？"如此，则学生既能为自己没有认真听课而感到惭愧，又能感受到老师的谦和与诚恳。

这种方式适用于反应快、脾气暴躁、否定性心理表现明显，行为常被情绪所左右的学生。以商讨的口吻，平心静气地交换意见，改变被批评者可能存在的对立情绪。

4. 及时式的批评方式

批评要及时，不要老是爱事后批评。有些学生自我防卫心理强，不肯轻易承认自己的过错，常常在事后矢口否认或搪塞掩饰，对这样的学生要注意当时、当场进行批评，用刚刚或正在发生的事实，冲破批评者的心理防线。

5. 对比式的批评方式

借助他人、他事的客观形象，运用对比，衬托出批评的内容，使被批评者感到客观上的某种压力，认识到自己的缺点和错误。这种批评，可适用于经历较浅、自我觉悟和自我意识稍差、理智感较弱、易受感化的学生。

6. 表扬性的批评方式

表扬与批评是对立的统一，是互相转化的。所谓表扬性批评就是通过表扬的手段达到批评的目的，其中也含有暗示批评、间接批评和预防性批评的意思。表扬性批评的运用，可以让学生在愉悦的心境中接受正面教育，进一步感受老师与集体的温暖，逐步实现缺点与错误的转化。

表扬性批评可以通过对某一同学自身优点的表扬来暗示批评他的其他错误。如通过对某同学有正义感、乐于助人等优点的表扬来暗示他曾有过与人打架的错误，以制止他这一错误的发展。表扬性批评也可以通过对一个后进小团体中个别人优点的表扬来批评其他人的错误，如表扬某同学关心集体荣誉、为班级争光的事迹，暗示批评其他人不关心集体的错误行为。

7. 严厉性的批评方式

如果学生严重地违反了规章制度，破坏了学校纪律，而且并非初犯，老师就必须对他进行具有说服力的严厉批评，绝不能姑息迁就。但是必须注意，采用这种方式时，批评的内容一要准确集中，切忌目标不明；批评的语言一定要清楚明了，斩钉截铁，说一不二，切忌含糊其辞；批评的态度一定要严，可怒发冲冠，但又要诚恳端正，切忌威胁鄙夷，伤害学生的自尊心和人格。

二、不当的批评方式

批评必须运用得当，才能达到教育的目的。如果运用不当，不但不能达到教育、提高之目的，而且可能造成师生感情对立，促使学生逆反心理的形成，增加了今后教育、转变的难度。因此，班主任要对学生正确开展批评教育，必须注意以下八个问题。

1. 对批评忌厉声训斥

学生犯了错误，做班主任的应当采取摆事实，讲道理，循循善诱，以理服人的方法。厉声训斥属于强刺激的一种，对于犯有严重过错的而又拒不认错，或者屡教屡犯者，给予厉声训斥，促使其猛省，当然是可以的，也是必要的。但是如果不看对象，不分错误大小，不分初犯屡犯，一概厉声训斥，就不妥当了。

2. 对批评忌变相体罚

有的班主任对多次犯错误的学生缺乏耐心、细致的思想教育，不仅容易发火，对其大喊大叫，甚至还动手动脚，变相体罚，这是班主任崇高职业所绝对不能允许的，是班主任自身不文明和无能的表现，极易使学生产生对立情绪，不可能达到教育的效果，并且为今后的教育设置一大思想障碍。可以这么说，体罚之日就是教育失败之时。

3. 对批评忌当众揭丑

人都有一定的自尊心，都很顾及"脸面"。学生有了过错，一般都希望班主任保密、谅解和宽恕。因此，班主任最好是单独批评教育，不使他当众丢丑，尤其像中学生早恋一类的错误，最好不要在全班同学面前批评他。

4. 对批评忌千篇一律

批评一定要区分对象，根据学生不同年龄阶段、不同性格特征，采用不同的批评教育方法。例如，高年级学生已经形成一定的道德观念，开始具备自我教育的基础，因此批评要更多地作理性分析，讲清道理，尽量避免"声色俱厉"。低年级学生，其行为主要是以情绪、临时动机为基础的，因此批评要具体，就事论理，应该怎样，不应怎样，要形象具体，不可笼而统之；要多讲"小道理"，少讲"大道理"。

5. 对批评忌不调查分析

对于学生的过错，批评前如果不作调查分析，劈头盖脸地训一顿，往往难以奏效。比如有的学生课堂上经常不守纪律，老师天天批评，既有"硬"的，也有"软"的，但就是不见效果。什么原因呢？因为"病根"没有找着，为了解决问题，班主任必须找准"病根"，对症下药。

6. 对批评忌成见看人

批评一定要言之有据，言之有理，切忌不作调查，先入为主，成见看人。一个班级几十个学生，学习成绩基础不一样，思想认识水平和思想品德品行参差不齐，这只能作为班主任工作的起点和基础，不应用凝固不变的观点看待每一个学生。

7. 对批评忌唠唠叨叨

批评时一般只需简明扼要地指出错误所在，讲清道理即可，切勿唠唠叨叨，没完没了。青少年学生最讨厌大人的啰唆、唠叨。从心理学上说，唠叨是一种重复刺激，听的人会在大脑皮层上产生保护性抑制，你越说他越听不进去，并产生厌烦情绪，所以唠叨是一种无效批评，不起教育作用。

8. 对批评忌言行不一

班主任是学生心目中的楷模。班主任讲的一切道理固然十分重要，能起到教育作用，但班主任的行为在学生心目中更加重要，"身教重于言教"。一个优秀的班主任总是处处注意检点，严格要求自己，以身作则，言行一致，起表率作用。而一个不良思想和作风的班主任，就会潜移默化、影响、带坏学生。因此，凡是要求学生做到的事情，班主任首先不应该违犯。那种口是心非，言行不一的班主任，批评学生不会有说服力，甚至会使学生得出错误结论：人都是虚假的，大道理都是骗人的。这就把诚实的人们，把正确的理论都给看歪了，这是一种恶劣的后果。

第六节　学会和学生谈话

　　班主任主持班级工作，必须与学生广泛接触，达到水乳交融的程度。学生只有愿意向班主任吐露心声，反映班级的真实情况，班主任才可以掌握同学们的心理脉搏，使班级工作保持正常运转。为此目的，要求班主任全面、及时、深入、细致地了解学生，这其中包括学生的学习、生活、劳动、娱乐、交往等各个方面。要了解学生、掌握学生的有关信息，建立和谐的师生关系，最简便的途径就是同学生进行多种形式的谈话。

　　这里所讲的谈话，是专指班主任通过口头语言艺术，直接与学生交谈，交流思想信息，摆事实，讲道理，寓理于情，疏通思想，提高学生思想认识，培养他们良好品德和个性以及促进班级工作开展的一种教育方法，它不同于人们日常生活交往中的谈话。

　　不管是获取学生的信息，还是解决学生的思想问题，谈话都是一种简便、灵活、有效的方法。这种方法方式简单自然，具有随机性，内容不受时间、空间限制，可以根据需要灵活进行。谈话对环境条件要求不那么严格，事先准备工作也不需太复杂，有些谈话可以反复进行，或与家长配合。这种方法可适用于不同年龄、不同个性的学生，便于班主任创造一种和谐、平静的氛围，让师生表达真实思想，促进感情交流与融合，加速学生思想转化，提高学生对所谈问题的认识水平。

　　谈话一般可分集体谈话和个别谈话，其中，集体谈话包括几个人以上的部分学生和全班学生谈话，根据其形式区分为主讲式的谈话和民主平等式的谈话；个人谈话则是针对不同学生个体，进行的有针对性的单

独谈话。

一、集体谈话

集体谈话一般多是从学生普遍存在的问题和学生共同关心的问题以及对集体有教育的问题中选择谈话的主题。班主任主讲式谈话最常见的有伦理道德谈话、表扬性谈话、批评性谈话等。伦理道德谈话一般是指关于世界观、人生观、政治经济、思想道德方面的谈话。表扬性谈话和批评性谈话，我们在上面小节中已经做了介绍，这里就不再赘述了。

班主任在班会上或利用其他时间，以讲述、讲解、讲演、报告等方式对学生进行政治思想和伦理道德谈话是保证学生明确正确的政治方向、形成道德认识、解决思想问题，激励他们不断进步的不可缺少的、常用的集体教育方法。但是有些班主任没有用好这种方法，他们往往不讲究谈话艺术，常常是长篇累牍地空讲大道理，不考虑中小学学生特点，不尊重学生，多是我讲你听，不切合学生实际的硬行灌输，是华而不实的"假大空"的空洞说教，缺乏说服力，以致收效不大。班主任必须改进这种不受学生欢迎的伦理道德谈话，应该讲究谈话艺术，提高谈话效果，真正发挥伦理道德谈话的集体教育作用。

主讲式的集体谈话内容是多方面的，谈话对象也是不同的，因此，就要针对不同内容和对象采用多种多样的摆事实、讲道理，以理服人，以情感人的谈话方式，以达到真正提高学生认识和解决思想问题的目的。

二、个别谈话

班主任的个别谈话，是指同个别学生的谈话，又指与某个学生的单独谈话。个别谈话包括与学生干部的谈话、与优秀学生的谈话、与表现一般的学生的谈话、与偶有过失的学生的谈话、与后进生的谈话等。

1. 对学生干部的谈话艺术

班主任对学生干部谈话，要注意倾听他们的意见，多采取交谈形式为好；多讲些道理，多作些分析，开拓其思路；要充分相信他们，尊重他们，但也要严格要求他们；班主任谈话要直截了当，不要拐弯抹角，含糊其辞；班主任作决定要果断，不可优柔寡断；谈话次数要多一些，但每次时间不一定很长。

2. 对优秀学生的谈话艺术

班主任与优秀学生谈话要以鼓励、表扬为主，保护学生的积极性；对错误不能迁就，教育学生不断完善自我，立志成才；谈话语言要恳切，感情要真挚；启发他们自觉培养自我教育、自我反省的能力。

3. 对表现一般学生的谈话艺术

与表现一般的学生谈话时，可先让学生谈谈自己的情况，谈谈对某些问题的认识，从中发现一些模糊或错误的观点，然后列举优秀同学的事迹，与之对照，找出差距，再阐明有关道理，启发他们觉悟。

4. 对偶有过失学生的谈话艺术

与偶有过失学生谈话时，应先让学生谈谈做错事的前因后果，并检查自己的责任，班主任获取信息后，加以分析，对学生的错误进行批评，指出其危害。老师要客观地看待学生，肯定他的优点和成绩，增强他改正错误的信心，不可一气之下，严加训斥，凭一时错误，抹杀全部成绩。接下来班主任应将语气缓和下来，阐述有关道理。

5. 对后进生的谈话艺术

与后进生学生谈话，应注意重在攻心，不在整人；只能因势利导，不能听之任之；班主任胸怀要宽阔，不能对学生的错误言行斤斤计较；谈话时要控制情绪与情感，特别要制怒；要尊重学生的人格，不羞辱、挖苦他们，防止其产生逆反心理；谈话要寻找有利时机，注意场合；分析、批评要合情入理，切忌无限上纲；谈话可分多次进行，给学生以反省的机会。

三、谈话技巧

班主任与学生谈话，还必须讲究方法与技巧，这样才能让谈话的效果最大化。具体地，应该做到如下几点。

1. 要平等对待，不居高临下

班主任与学生谈心一不能摆师长架子，二不可厚此薄彼。要进行换位思考，设身处地为学生着想，这样往往会发现，站的角度不同，了解的情况不同，认识问题的方法和出发点不同，就会得出截然不同的结论。

教师要热爱教育，热爱学校，也要热爱学校中的每一位学生，对待学生不能因为他的学习成绩好而特别亲之爱之，也不因为他的学习成绩差、行为不端而恶之厌之，而应是一视同仁，平等对待。著名的教育家陶行知先生曾对教师说过一句名言："你的教鞭下有瓦特，你的冷眼里有牛顿，你的讥笑中有爱迪生"。这句话告诉我们，班主任应用发展的眼光看待学生，随着学生年龄的增长，环境的变化，班主任工作方法的改进，暂时后进的学生也会发展变化，即使不成为瓦特、牛顿、爱迪生，也能塑造成一个对社会有益的人。

2. 要讲知心话，不空洞说教

与学生谈心要讲真话、实话。每个学生都有自己的学习和生活圈子，有喜、怒、哀、乐。因此，要从学生学习和生活中的每件实实在在的小事上去理解、去关心，与学生真心实意地沟通，这样学生才易于接受、乐于接受。

3. 要有耐心，不计较报怨

为了解决某个问题与学生谈心时，一定要有耐心，不能三言两语完事。即使谈心不顺利，产生了一些误会，甚至碰了钉子，也不要灰心，或听之任之、撒手不问，更不能计较和报怨学生。任何事物都有个转变的过程，学生的认识也是如此。

4. 要选择时机，不急于求成

对一些性格倔强或理解问题比较偏激的学生，在"火头"上与其谈心往往谈不成。对此不必操之过急，而要采取"冷处理"的办法，

等待时机成熟再谈。如在学校不方便，也可选择家访的方式谈，场所变了，气氛变了，有利于推心置腹地交流感情，因势利导解决问题。

5. 要善于倾听，不先入为主

当学生在学习或生活中遇到难题或不顺心的事时，总想找信赖的人，特别是找其心目中尊敬的老师一吐为快，指点迷津。如果班主任对情况不明，又不听学生诉说，就先入为主，自以为是，说三道四，甚至捕风捉影，横加训斥，那么就会伤害学生，影响谈话效果。

6. 要做好引导，不事后批评

对于学生在学习或生活中易出现的问题，通过与学生及时交流，与学生共同想办法，寻找对策，让学生积极去面对学习生活中的各种问题。

7. 要以德感生，不以势压生

为人师者，特别是班主任老师，平时一定要高风亮节，为人师表，爱护和关心学生，以自己的人格魅力和高尚品德去感化学生，以自己的威信赢得学生的信赖和尊重。这样在与学生谈心时，学生才会听得进。如果平时师者形象不正，谈心时还使用高压手段，就会增加学生的逆反心理，不仅使谈心一无所获，还会适得其反。

第七节　正确评价学生

班主任对学生的评价，哪怕只是一句简单的评语，也会给学生带来巨大的影响，所以班主任一定要学会正确评价学生。

一、班主任评价学生的原则

班主任评价学生应当坚持三个原则，即全面衡量、尊重个性、促进发展。而传统的评价功利性太强，比如在"三好生"评选中最偏重的是成绩、守纪等，这对学生的身心健康发展不利。

一位班主任老师班上有一学生，每天迷恋打球、上网，上课不是看小说，就是呼呼大睡。这样的学生，同学瞧不起他，家长埋怨他，许多老师也不喜欢他。班主任给他的评语是这样的："你是我班第一高峰（他身高有1.8米以上），你的球技让全校佩服，你上网查找资料的速度可能在全校数第一，这些都是你的长处，要好好发扬。我希望你能成为马拉多纳（他崇拜的球星）第二，或者比尔·盖茨第三（他有个电脑高手朋友称第二），你如果在踢球之余能把功课学好，把你看小说的心思用在学语文上，你一定是最棒的，我将成为你忠实的崇拜者，到时一定要给我签名哟！这个学生看到评语后痛哭了一场，后来有了很大进步，令所有人刮目相看！

二、评价要采用科学的方法

评价的方法不同，得出的结论也就不一样，只有采用科学的方法，才能准确地评价学生。所谓科学的方法就是民主加集中的方式，由家

长、学生、老师分别对学生作出评价，再将这些评价加以综合，得出最后评价。评价学生时要以学生为本、以有利于学生的发展为中心，只有围绕这个中心，评价才有意义。

三、客观而又艺术地给学生写评语

班主任定期给学生写操行评语，这是义不容辞的职责。但如何才能把每个学生的表现写得恰如其人，恰如其分，且能使它发挥教育作用，这是不容易的。

班主任如何给学生写评语，其实是一门艺术。但在日常的教育活动中，存在的问题却是具有普遍性的。简单归纳为以下几类：

1. 评语主要面向家长，而不是面向学生

传统的评语写作模式均采用"该生……"的提法，专家认为，这是一种典型的面向家长的评语，目的是为了让家长了解自己的孩子在学校的表现，以便和班主任配合，更好地教育孩子。学生在这里，被视为介于学校与家长之间的第三者。而真正面向学生的评语，无论是语气还是行文都应该使学生意识到，评语是班主任对自己的评语，是为自己而写的评语。因此，写评语时一般采用第二人称，而且用谈话式的口吻去写，如给一位品学兼优的同学的评语可以这样写"你是老师的小助手，也是科科皆优的学习尖子，在班上数你获得的荣誉最多……但是请你记住，学无止境，不断挑战自己才能不断进步"。

2. 评语用语贫乏，往往流于俗套

据实际调查，曾有一个班级，52 名学生，52 份评语，所有评语加在一起共用语词 462 个。被使用最多的 11 个语词分别是：尊敬老师、团结同学、遵守纪律、上课专心听讲、希望今后戒骄戒躁、争取更大的进步、按时完成作业、学习态度端正、学习成绩较好、积极参加各项活动、劳动积极 \ 有集体荣誉感。

著名哲学家黑格尔当年从神学院毕业的时候，他的老师给他写过一则评语："黑格尔，健康状态不佳，中等身材，不善辞令，沉默寡言，

天赋高，判断力健全，记忆力强，文字通顺，作风正派，有时不太用功，神学有成绩，虽然尝试讲道不无热情，但看来不是一个优秀的传道士，语言知识丰富，哲学上十分努力。"老师以平静的语气，真实客观地刻画出了黑格尔"这个人"的个性、能力、取向以及弱点和不足。可以说，这份评语就是在写黑格尔，写给黑格尔看的。今天看来，这份评语仍有一定的借鉴价值。可以设想一下，如果我们每一份评语只是针对"这一个"孩子而写的，那些与众不同、充满个性化的描述，那些丰富多彩、色彩斑斓的语言也就会自然而然地流淌出来。

3. 只注重对学生过去的评价，缺少必要的希望和鼓励

班主任评价学生往往是只注重学生以往的表现，特别是对一些调皮捣蛋的学生，评语中尽是一些缺点，找不到什么优点，一般都是要求他们在下学期能"改邪归正"。对这样的学生写评语时，要让鼓励成为评语的基调，用发展的眼光，通过鼓励的方式与学生交流，对学生的发展和所取得的成绩表示认同，使学生形成健康的自我认识，更好地把握自己未来的发展。

四、优秀评语范例

那么，班主任如何才能写出艺术的评语，让学生受到鼓舞和激励呢？我们举例如下：

1. 引导学生振作精神的评语

"精神，就像是春风，冰河将因之解冻，枝头将因之泛新，花朵将因之绽放。振作精神，世界便会改观，阳光便会灿烂，胜利便会来到！"

"在昔日的时光中，你有成功，也有失败；有丰硕的果实，也有苦涩的泪水……但不管怎样，坚强的你总是昂首面对。你认真、刻苦、虚心、诚实，因此赢得了老师和同学们的一致好评。但有时，你还缺少些恒心，急于求成。'千里之行，始于足下'，希望你能凭着自己的顽强意志，迈好人生的每一步，永不放弃，永不言败。"

2. 鼓励学生不断努力的评语

"胜利的果实，永远挂在树梢上，你可要努力往上跳，才能摘到啊！不要等待明天向我们走来，让我们走向明天！只有当我们将'等待'改为'开创'时，才能拥有一个真正属于自己的、美好的明天！"

"一个爱好音乐的人，可不可以对音乐课及考试马马虎虎？一个想当警察的人，可不可以在体育课里偷懒？一个到重点中学读书的人，可不可以在学习上不尽力？如果不可以的话，该怎么做？本学期你有所进步，但凭你的能力，你是可以有更大的进步的。老师期待着你！"

"篮球运动很有魅力，它的对抗、它的拼抢、它的战术、它的一个接一个的投篮令人着迷。你是有这方面素质的，所以你能进学校篮球队。在学习这个赛场上，你的素质也是优秀的，但是要想取得胜利，也一样需要拼抢、需要战术、需要不停歇。如果站着不动，是不会得球、不会进篮的，也会在对抗中必败无疑。而学习这个赛场上对手更多，拼抢更烈，时间更长。你想比赛吗？你想赢得喝彩吗？那么，上场战斗吧！"

3. 为学生解除心理压力的评语

"你那原本美丽慧黠的双眸为什么被忧愁遮掩，开朗大方犹如银铃般的笑声什么时候销声匿迹了？你是班级的'种子选手'，为什么轻易地把它让给了别人？记得你曾偷偷地塞给我一个纸条，说你愿意成为我的骄傲。可是现在怎么了？能告诉我吗？老师愿意成为你的知音，你的朋友，老师愿意为你保密。希望你会成为我永远的骄傲！"

"惊悉你的身世，我为你感到不平，并付以深深的同情。对于家庭，我们谁都无法选择，可对自己的未来，却可以做出选择。坚定你的信念，用自己的努力，用自己的拼搏，拼出一个崭新的未来。努力吧，你会成功的！若有困难，别忘了你还有老师和同学，我们随时会向你伸出援助之手的！"

"你的苦恼老师知道：父母的望子成龙，老师的殷切期望，你都很在意。只是你的成绩不够理想，你也想好好学，但基础太差总是学不好，认为自己是个坏学生，对吗？其实，老师从未用学习成绩去划分学生的好坏，你有能力，你善良有礼貌，你关心集体，你同学关系处得很好，这些都是你的优点与长处。今天，让我告诉你：老师很喜欢你，即使你将来没能考上大学，我相信踏入社会后，你也一定会成为一个事业有成的人。抛开苦恼，还自己一个真实的自我，好吗？当你尽了自己的最大努力时，失败也是伟大的！"

4. 劝戒学生克服缺点、弱点的评语

"老师刚接班时，同学们最信任的是你，各科成绩最好的仍是你。可能是故意想找你的不足吧？我渐渐发现了你学习上有些知识点掌握得不灵活，体育达标成绩不够理想。希望你在下学期发扬优点，克服弱点，让实践证明你是一名永远经得起挑战的好学生！"

"你是个感情世界丰富的女孩，你比同龄人富有，因为你有一枝善于表情达意的笔，可以写出你心底的烦恼和快乐，让关爱你的人了解你，与你分担，与你共享。能与人顺利地沟通，你应该意识到这是一种难得的幸福。但也正像你所说的，初三了，好多风花雪月的心情要暂时收起来。学习很累，但斑斓的世界不会因为你的疲惫而停下来。人，生来有许多责任要负担，照顾好自己却是自己最推卸不掉的责任！为了追求我们所爱好的一切东西，为了那些爱我们的人们，我们整日地奔波忙碌，而又甘之若饴。成功是人生的一种异样的幸福，但幸福需要付出、等待和忍耐。明白了这个道理，可以让我们甘心地付出，也可以让年轻的心不再那样躁动，对吗？"

"看你作业认真，字写得漂亮，的确是一种享受，说明你有着认真的态度。老师一直认为上课好讲话的同学一定不会是你，但为什么又偏偏是你？如果你的课堂表现也能像你的字一样漂亮，那么老师和所有的同学一定会对你另眼相看，那时的你一定是很优秀的，我期待着你以后有更好的表现。"

5. 为学习上的"差生"鼓劲儿的评语

"在老师的眼里，你是一个热情奔放、热爱集体的好学生，愿意主动与老师亲近、接触。但每当想起你及格线以下的学习成绩，我的心里总是酸酸的、涩涩的。在新的学期里，你愿意挥动勤奋的双桨，为老师掠去心头的这片阴影吗？'有志者，事竟成'，老师相信你一定会成功的！"

"你聪明伶俐，活泼可爱，你那一张张彩照多漂亮呀！老师还特别爱听你唱歌。但为什么你的学习却和你的外表、歌声有那么大差异呢？下学期，老师希望看到你的成绩能像你的歌声和舞蹈一样那么优秀！"

"当你一次次主动地帮助同学打扫教室时，当你为一道难题凝神沉思时，当你单薄的身体奔跑在运动场上时，当你弯腰拾起地上的纸屑时……作为老师的我，是多么高兴！我为你的热心、勤奋和勇敢而高兴！如果你能在学习上抓紧时间，精力集中，踏实认真，那么，你的学习成绩不会如此不如人意的，因为你具备飞跃的基础。"

6. 鼓励学生全面发展的评语

"你学习认真，上课积极发言，对许多问题有独到见解。工作主动、热情，办事利索，能出色完成工作任务。热爱劳动，尊敬师长，团结同学。老师希望你今后能积极参加体育锻炼，做一个德、智、体、美、劳全面发展的好学生。"

7. 引导学生注意把握学习方法的评语

"在本学期即将结束时，回眸你撷取的累累硕果，定会欣喜地发现，没有比脚更高的山，没有比腿更长的路，只要付出，定会有回报，爱拼一定会赢！如果再加上科学的学习方法，将有更大的成功在期待着你！"

"你是一个友好和善、遵规守纪的学生。尊敬老师，同学关系融洽，热爱班集体。无论在教室，在寝室，你都不是一个捣蛋的学生，可奇怪的是我常常看到你较为忙乱，作业完成也不是很好。缺乏计划性，没有学习规律，任务落实不好，这是不是你成绩提高不大的原因？如是，赶快改正，相信你会有进步的！"

第八节　和学生交朋友

班主任要成为学生的精神关怀者，要能引导好学生，首先就要亲近学生，与学生建立起良好的师生关系，没有好的师生关系是不会有好的教育效果的。正如一位班主任所说的："如果师生关系紧张，你表扬学生，学生认为是哄人；你批评学生，学生认为是整人。表扬与批评都成了教育的障碍。"那班主任怎样走近学生，进而成为他们的朋友呢？

一、关心每个学生

真正地关心学生是除了关心学生的成绩，还要关心学生作为人的其他需要，关心学生的情感，关心他们的生活。德国哲学家马丁·海德格尔将关心描述为人类的一种存在形式，也是人在做任何事情时严肃的考虑。关心是最深刻的渴望，关心是一瞬间的怜悯，关心是人世间所有的担心、忧患和苦痛。我们每时每刻都生活在关心中，它是生命最真实的存在。关心、热爱一个学生就等于塑造一个学生，而厌弃一个学生无异于毁掉一个学生。每一位学生都渴望得到班主任的爱，尤其是那些家庭有过特殊变故的学生，容易形成特殊性格，这就需要班主任能真诚相待、热情鼓励、耐心帮助，用师爱的温情去融化他们心中的"坚冰"，让他们在愉快的情感体验中接受教育。

二、欣赏每个学生

或许有的班主任会说："我带的那个班基础很差，没人肯带的，怎么欣赏学生？""那帮学生整天不知干什么，浑浑噩噩，真看不出怎好!"泰戈尔在他的《失群的鸟》中写道:"每个孩子都带来消息说,上帝还没有对人完全沮丧,因为每个孩子都有那么多值得赞赏的优点和生长的力量。"

赏识能帮助学生建立自信心。在赏识的目光下,孩子们感到自己在集体里不再是无足轻重、可有可无的人,因此抬起头,挺起胸,对自己充满了信心。赏识,培养了孩子的责任感。在赏识力量的促动下,孩子们把"让同学因我的存在而感到幸福"作为自己追求的目标。赏识,促使孩子完善自我。在赏识他人的过程中,孩子们自然而然地看到他人的长处,从而信任他人,欣赏他人,相互间多了钦佩、学习,少了反感、嫉妒,在互敬互励中不断地吸取他人之长来完善自我,超越自我。

素质教育提倡用积极乐观的眼光和态度来赏识学生的天性。每一个学生都是一片有待开发或进一步开垦的土地,作为教育者应视之为教育的资源和财富,加以挖掘和利用。班主任在教育过程中要保护好学生的好奇心和创造激情,理解和宽容学生,坚信每一个学生都是可以造就的。

魏书生老师当班主任时,他要求将年级中表现最差的学生都集中到自己班上来。首先他让这些学生找自己的优点,然后向老师汇报。这些学生长期生活在批评声中,能说出自己一大堆缺点,但要寻找优点,反而使他们手足无措了。几天过去了,大多数学生都找到了优点,只有小张始终找不到。魏老师批评他说:"人怎么可能没优点呢?再找不到就要罚你写一篇说明文!"魏老师为学生找不到优点批评学生,那学生心里会恨老师吗?肯定不会,一定是充满了感激。

又过了一天,魏老师问小张:"找到优点没有?"他十分难为情地说:"找到了一点点。""一点点也是优点,具体说说。"小张羞涩、腼腆地说:"我心眼好!"魏老师接着肯定地说:"心眼好是个大优点,怎么会是一点点呢?心眼好,爱帮助人,到哪里都会受到别人的欢迎。"这个过去跟老师打架的小张,从此积极为班级做好事。

发现并真诚地赞赏学生的优点是班主任与学生建立良好关系的重要

法则。古人云"女为悦己者容，士为知己者死"。所谓知己者，不就是能欣赏自己优点的人吗？美国心理学家詹姆士说："人类本质中最殷切的要求是渴望被肯定。"老师们，想想我们自己，我们难道愿意校长或同事整天批评我们的缺点吗？将心比心，学生也和我们一样。

三、凡事与学生商量

凡事与学生商量，是尊重学生的意愿，是民主的体现。让学生参与班级事务的决策，能让学生对做出的决定自觉遵守。

一位班主任老师所带班的学生家长都很有钱，学生们在家被宠坏了，因此养成了乱花钱，好吃零食的坏习惯。这个坏习惯也被他们带到了学校，学生之间还出现了攀比的现象，而且一天下来，废弃的果壳，包装盒使教室看起来像个垃圾场。怎样让学生改掉这个坏习惯呢？老师用摄像机把他们班脏乱差的状况录下，又录下其他班整洁的环境，然后放给学生看，看完后问道："我们班和别的班有何不同？"鲜明的对比，让学生深受触动。老师接着说："生活在这样的环境中，你们舒服吗？这样的环境，别班的同学会瞧得起我们吗？如果不舒服，那我们该怎么办？""不许在班上吃零食！"学生们纷纷说。"赞成这个提议的同学请举手！"结果，全班都赞成。老师又问："假如有人忍不住带零食来吃了，怎么办？"有个同学提议："那罚他给班上每个同学和老师买一份这样的零食！"经表决绝大部分同学赞同，老师宣布从即日起实行。半个月后，有学生汇报说班长在班上吃零食了。老师一调查，果然如此。班长向老师求情："我错了，原谅我这一次吧！"老师说："这个规定是大家定的，我说了不算，问大家吧。"班长问大家，全班同学商量后决定执行规定。班长只好给每个同学和老师买了一袋虾条。从此，再也没有人在班上吃零食了！

试想，如果没有商量，靠命令能有这样的效果吗？商量让学生感受到班主任对他们的信任和尊重，让他们觉得自己是班级的主人。那怎样和学生商量呢？

首先，班主任在和学生商量时要放下架子，不要高高在上，如果以领导的姿态出现在学生面前，那样就不会有商量，学生怕了，哪儿还敢说话。

其次，和颜悦色，放低声音，不要让学生觉得自己在说教。班主任可以这样对学生说："我想在班上组织一个互相关心的活动，你们觉得怎么样？""做家务可以体现我们的孝心，请大家回去每天做一件家务事，好不好啊？"

此外，要避免对学生无礼的命令。戴尔·卡耐基《人性的弱点》一书中讲了一件事：有个学生把车子停在了不该停的地方，因而挡住了别人的通道。老师冲进教室很不客气地问："是谁的车子挡住了通道？"等汽车主人回答之后，这位教师厉声说道："马上把车子移开，否则我叫人把车拖走。"

这个学生是犯了错，车子是不该停在那里。但是，从那天开始不止那个学生对老师心存不满，甚至别的学生也常常故意捣蛋，使那位老师不好过。如果这位老师用不同的方式处理这一事情，结果会如何？他可以好好地问："谁的车挡住了通道？"然后建议这位学生移开车，以方便别人进出，相信这个学生会乐意这么做，这样也不会引起其他同学的反感。换种方式，一定效果不同！

四、倾听学生的心声

大家在论及班主任对学生的教育时常常用苦口婆心来形容。其实，当班主任苦口婆心地唠叨时，学生的思绪早在千里之外了。当你问他"明白了吗？"他虽说"明白了"，可压根就没听进去，这样的教育不可能有效果。所以，我们要改变方式，换一种方法，这就是倾听。

对于做学生工作来说，没有什么比听学生说话更重要的了，因为只有他能说出心里话，你才能走近他，了解他。倾听，对于老师和学生都很重要。当你真正成为一个倾听者的时候，你获得的信息会超过你所想象的。在倾听的过程中适时地给予鼓励和引导，这是一种积极的倾听，这种倾听对学生是很有影响力的。

五、搭建沟通平台

在班级管理中，与学生进行有效沟通是管理好班级的重要组成部分。因而，班主任建立一定的沟通平台是非常重要的。下面是一位班主任所写的教育随笔：

我与学生做网友

在课堂上，我发现一个女生注意力老是不集中，不时地抬头望着窗外，眼睛里流露出一丝伤感。下课后，我问她是否身体不适，她默默地低头不语；问其是否有心事，还是不回答；再问，她竟然流出了眼泪。于是，我拿出纸，在上面写上我的手机号码、电子邮箱和QQ号码，对她说："如果你信得过老师，你可以把你藏在心里的话告诉给我，我十分愿意做你的参谋。"

晚上，当我打开电脑的时候，QQ跃入我的眼帘。上面写道："鲍老师，您好！我上午对您的态度很不好，请您能够原谅！"我看完后，看到她还在线，就立即给她写了个回复："老师不介意的！我能把你加为好友吗？"她同意了。接着，我又发了个帖子给她："现在我们是好友了，你有什么需要我帮助的吗？"她给我的回复是："你能替我保密吗？"她在得到我肯定的回答后，向我讲述了她的秘密：原来，她与班级里的一个男生谈恋爱，已有一个多学期了。现在，这个男生与另外一个女生"好"了，她痛苦极了，不知怎么办？以至于整天心神不定，无心学习。

我知道了事情的真相后，和她聊了近两个小时，她才依依不舍地离开QQ，并约好了第二天继续。经过几次深入沟通后，基本上消除了她心理的障碍。而且，从这以后，我们每个周末都会在QQ上交流，话题很广泛，谈学习感受、班级趣事、理想，以及对老师授课的评价等，成为了名副其实的网友。

我也在与其交流的过程中，发现了QQ在教育教学中的作用。于是，我在班级公布了我的 QQ 号码。号码一经公布，收到了意想不到的效果。以前，学生在老师面前往往不敢或不愿直接反映问题，特别是女生更不愿意当面向老师反映问题，有时学生也因怕涉嫌"打小报告"而不敢反映。而网络，由于其安全感和空间距离，由于使用网名的虚拟性，使学生可以大胆地反映自己的各种想法，甚至把自己内心的秘密呈现出来，使我能及时、准确地了解学生的各类情况，为班级管理积累了详细的资料。更为重要的是，能够采取有效措施，有的放矢地解决各种情况。

最后，我要说："我非常愿意成为学生的网友，只有这样，师生才能真正地结伴成长。"

这位班主任运用现代网络与学生沟通，取得了非常好的效果。在日常生活中，我们与学生沟通的方式还有：言语沟通、身体语言沟通、文字沟通等。只要视情况不同采用不同的沟通方式和学生交流，相信班主任一定可以走近学生的内心，成为他们的知心朋友。

第九节　妥善处理学生早恋

据日本名古屋市的一项调查表明，中学生中"想和异性要好的"在男女生中都占多数：男生占 83.7%，女生占 94.2%，这种倾向随年级升高而有所增加。研究还发现，女生在 13 周岁以后，男生在 14 周岁以后，心理上容易萌发初恋的幼芽，所以近年来中学生的早恋现象有增无减，呈上升趋势。

当然，早恋并不是违法犯罪，问题是中学生正处于长身体、求知识的黄金时期，经济上尚未独立，尚缺乏建立稳定的恋爱关系的条件。换言之，中学生的早恋基础是极不牢固的。许多事实表明：中学生早恋十之八九都以不了了之而告终，它只能影响和干扰自己的学习、健康和人际关系，给自己带来烦恼和压力。更何况由于性成熟时期的中学生极易出现强烈的性冲动，一些人难以控制，往往会造成终生的遗憾。可见，早恋对中学生的健康成长有很大的危害。

一、早恋产生的原因

那么早恋究竟是怎样产生的呢？一般来说，中学生早恋的产生有以下几个方面的原因。

1. 生理原因

中学阶段，学生生理发育快速增长，伴随着第二性征的出现，他们会对异性产生好奇，并渴望与之交往。

2. 心理因素

中学生的心理发育尚未成熟，容易受各种不良思潮的影响，心理上的欲求得不到满足，从而转向寻求异性的关注和关爱，容易陷入早恋的泥淖。

3. 家庭因素

不能否认的是，家庭不幸的孩子，比如单亲、离异、有家庭暴力的孩子一般较易产生早恋问题。当他们一旦遇到久违的来自异性的关爱和温暖，就会情不自禁，难以自拔。

4. 社会文化原因

我们处在一个信息爆炸的时代，书刊、电影、电视等信息传媒中关于爱情的描写、西方生活方式的传播使得中学生受到影响和刺激，甚至会引起他们的简单模仿，以至滋生早恋现象。

二、早恋学生的引导

针对中学生早恋，班主任不用小题大做，也不能掉以轻心，而是要找到适当的方法，因人而异，针对每个学生的不同特点、情况加以教育和引导。在处理这类问题时，作为班主任应该从以下几个方面着手：

1. 班主任要端正态度

恋爱是学生生理成熟的正常反应，并不是"罪不可赦"。班主任不能因此简单粗暴地进行打压和扼杀，这样做的后果一方面很可能适得其反，另一方面也可能会给学生的生活和学习带来巨大阴影，甚至影响他们今后的人生道路。所以对于中学生的早恋，班主任应理解和尊重，在此基础上进行合理疏导。

2. 要善于洞察学生的心理、思想状况

班主任要放下架子，利用课余，课外活动或集体活动的时间观察学生的行动，和他们交谈发现中学生早恋的种种迹象，比如：上课变得不专心听讲，通过互借书籍传递约会信息；变得爱打扮，讲究穿戴，以期引起对方注意、好感；喜欢看言情小说；学习成绩明显下降；在异性面前大声讲话、吵闹，作恶作剧等吸引对方……了解了学生早恋的情况，才能及时采取适当的方法对他们加以教育，从而不至于让学生深陷其中。

3. 要及时进行性教育

长期以来，我们一直视性教育为禁区，即使是专门开设的生理卫生课，

也是遮遮掩掩，让学生雾里看花终隔一层。其实，只要让学生真正了解了自身发育发展的规律，充分了解了性方面的知识，他们就会坦然面对自己的躁动和不安，积极寻求老师和家长的帮助，从而顺利度过青春期。

4. 要保护好学生的隐私

早恋的学生一般都比较敏感、情感强烈，班主任发现苗头以后要及时进行谈话和教育，当然这都得是私下里进行。毕竟没有谁愿意班主任把自己的"丑事"公诸于众。中学生的自尊心一般都比较强烈和脆弱，如果班主任公开他们的恋情，会让他们难堪，甚至对老师怀恨在心。所以作为班主任，一定要注意为学生保密，在私下里解决这一问题，这不仅仅是道德问题，更是一个法律问题。

5. 要鼓励男女生正常交往

由于传统思想的影响，有些家长和老师对于男女生之间的交往特别的敏感，似乎他们之间只能存在爱情，不存在正常的友谊。有些家长严禁女儿和男性同学在课余有任何来往，而有些学校和老师也在课堂上将男女生的座位严格区分，尽量减少他们之间的接触，其实这些想法和做法都是极为不可取的。就像大禹治水，是疏不是堵，如果一味禁止中学生之间的正常男女交往，会更加刺激他们的好奇心，让他们想入非非。所以，班主任应该鼓励男女生之间正当的合理的交往，这样一方面可以避免他们以恋情来补偿友情的不足，另一方面也可以保证他们通过互相了解来促进学习，培养出足够的自制力。

当然，除了以上的方法外，还可以与家长、学校、社会配合，多搞一些适合中学生的活动，提高中学生的鉴赏能力。比如：组织学生开展"男女生如何正确交往"——文学作品鉴赏指导讲座，这样既可以消除对异性的神秘感，又可以提高中学生审美鉴赏能力，从而减少早恋现象的发生。

正确对待中学生的早恋方法有很多，主要还是要适时、适度地对待这个问题，关键在于尊重学生，理解学生，用自己真诚的心去爱学生，去关心学生，相信学生，这样才能处理好中学生的早恋问题。

第十节　爱每一个学生

都说要教育好学生，必须爱每一个学生，可是怎么爱法？那些好学生，个个眉清目秀，循规蹈矩，人见人爱。而占大部分的中差生，成绩一般还喜欢调皮捣蛋，叫人怎么爱得起来？教育家陶行知说的好，"捧着一颗心来，不带半根草去"。怀爱于心是对班主任职业道德的要求，体现在班主任平时工作的一言一行中。班主任爱心的培育势必要求班主任将爱置于心中的重要位置，不可忽视，也不可剥夺。爱是人类最美丽的语言，班主任的爱是照亮学生心灵窗户的一盏盏烛光，班主任的爱心是成功教育的原动力。只有心中有爱，才能拥有一颗诚挚的爱心。

马斯洛的需要层次理论表明，每个人都有爱的需要。对于学生而言，期望得到别人，甚至是班主任的爱，既是他们本能的需要，也是他们人性健康发展的重要因素。关爱学生更多的是一种对学生含有责任感和对他们成长寄以良好期待的态度和行为。

班主任的爱，应该具有全面性的基本特征。班主任爱心的全面性主要包括对学生各个方面的关爱和对所有学生的关爱。这是指不仅要关心学生的学习，更要从多方面关心学生的成长，也就是关爱学生的所有方面；同时要求班主任要关爱所有的学生。

一、关爱所有学生

班主任关爱学生，首先要关爱所有的学生。学生的学习能力不同，学习成绩有差异是正常的，但都是祖国未来的建设者和接班人，班主任没有理由，也不能只爱少数成绩好的学生。也就是说，教师不能在学生面前表现出偏爱。人人都喜欢乖巧可爱、学习成绩又好的学生，但在学生面前过多地夸耀个别的学生，是对大多数学生的一种伤害。正如马卡连柯所说"教师应该充满着对每一个他要与之打交道的具体的孩子的爱，尽管这个孩子的品质非常败坏，尽管他可能会给教师带来很多不愉快的事情"。教师要相信每一个学生都有进步的需要，特别对后进生，要给予更多的关心和爱护。

爱是后进生前进的催化剂，关心和尊重是打开后进生心灵的钥匙。后进生往往在学习活动中受到刺激，自尊心受到压抑，陷入自卑情绪之中。面对这些学生，教师要表现出高尚的品德和极大的耐心，千万不能产生急躁情绪，对他们放任自流。对他们首先要在思想上启迪开导，生活上关心爱护，学习上耐心引导。只要我们满怀爱心，给后进生多一点理解和尊重，多一点信任和支持，多一点表扬和鼓励，多一点温暖和体贴，爱与严有机结合，就能使他们"亲其师，信其道"，在愉快的环境中去学习与成长，消除自卑心理，主动学习，逐步转化。同时教师要仔细研究各类学生的特点，采取最佳的教育方式，走进学生的内心世界，用自己的真诚去赢得学生的信任，与他们交朋友、谈心，以关怀、温暖之心去爱护每一位学生，从而赢得学生的亲近和尊敬。

二、关爱学生的所有方面

关爱学生，不仅要关爱所有的学生，而且还要关爱学生的所有方面。不能仅局限于学生的学习，学习是学生的主要任务，但对学生其他方面的关爱也不能忽视。现代社会要求每一位学生不仅要有良好的思想道德，广博的科学文化知识，而且还要有强健的体魄和健康的心理素质。因此，教师对学生的关爱要包含学生的各个方面。

尖子生的心理与他们的成绩并不成正比，因此班主任要关注他们的各个方面。尖子生往往因为自己的优秀而获得班主任更多的注目，班主任也会因为尖子生的优异而倍感自豪。但高处不胜寒，尖子生在得到关注的同时也承受着很多的压力，特别是处于竞争激烈的环境时，尖子生

有着很强的危机感，偶尔的失误有时候使他们失去信心，甚至否定自己。在这种情况下，班主任要多关注学生的心理健康，而不只是学习成绩的好坏。

备受班主任关注的尖子生都能出现问题，他们需要班主任细心地呵护他们的心灵。而对于平时不受班主任关注学生而言，在班主任吝啬给予关注的情况下，内心是多么渴望得到关爱。因此班主任要细心、耐心地读懂每一个学生，从各个方面关爱学生。

平等可以营造融洽，爱心可使枯木复苏。爱，是教育的重要基础，教师应时时处处为学生着想。对待学生的困难，尽力帮助，真诚地关爱、体贴他们，使学生感受老师的真情，人间的温暖。虽然教师不可能将自己的精力在同一时期平均分给每一个学生，但只要教师心中装着全体学生，用心去关爱每一位学生，就一定能够发现学生身上潜藏的智慧和创造力，就一定能够把班级管理好。

日常管理篇

　　班主任管理班级，首先面对的是头绪繁多、情况复杂的日常管理，这也是班级工作的基础。作为班主任，必须做好这项工作，因为对学生的管理首先是从班级日常管理开始的，而对学生的教育也往往要落实在班级的日常管理之中。

第一节　优化教室环境

优美的班级环境有利于陶冶情操，美化心灵。苏霍姆林斯基说：只有创造一个教育人的环境，教育才能收到预期的效果。教室里整齐、美观、清洁的布局，会给人赏心悦目之感，从而让学生在课堂上保持饱满的情绪。因此，班主任要有班级经营的理念，要善于营造一个人性化的、温馨的教室环境。

班级环境的布置，不仅体现班级的精神面貌，而且直接影响到学生的心理健康。因此，班级环境布置应当体现以下原则。

一、强化学生主体

创建班级文化环境，要摒弃由教师和少数同学包办的传统做法。现在的中小学生思维活跃，个性彰显，民主意识强烈，这就要求班主任充分正视学生的特点，激发学生的主动性和积极性，给学生创新的思维空间、实践的舞台、展示自我的机会，让学生成为班级文化环境建设的主体。

二、发挥激励作用

班级环境的布置，不仅要给学生以美的感受，更要具有直接的激励作用。现在我们经常看到的情况是，一些班级的教室，装扮得非常漂亮，但是处在其中时间久了以后，就会觉得其中缺乏实在的内容，是一种空洞的美。所以，班主任在班级环境布置中，要注意让其拥有激励的内核。

三、要有针对性

教室布置不仅要考虑年龄阶段、知识层次的不同，还要讲点针对性，因为不仅同一年级的不同班级有许多不同，就是同一个班级在同一学段的不同年级也会有区别。因此在布置教室时，班主任老师应该考虑本班的特点，考虑本班在不同时期的不同任务，从而让教室布置具有针对性。比如，学生之间不太团结，缺少凝聚力的班级，有必要在班训里加进表达团结协作之意的字眼，在栏目里加进增强团队精神的内容；又如，太过活跃的班级，在布置教室时可以考虑冷色调，而气氛沉闷的班级，在教室布置时可以多增加一些暖色；再如高一、高二时，可以选择"精思、笃行、博学、美德"这样的班训，到了高三，不妨将它变成"静心、笃行、惜时、圆梦"。

四、注意艺术性

布置教室要突出"美化育人环境"的"美"字，因此在布置教室时必须遵循整体性、艺术性的原则。追求琳琅满目，五花八门，热闹缤纷，其结果往往适得其反。教室布置要力求风格鲜明，美观大方。标语要醒目，图画要精美，装饰要得体，前后左右要对称，栏目大小要相等，字体规格要统一，色彩搭配要适宜。既不要造成形影相吊的苍白单调，又要避免眼花缭乱的繁杂拥挤、破碎凌乱。字体上应选择正楷、宋体、隶体或较端庄的美术字，忌用草书。

五、要实用性

教室布置不能只是装饰与点缀，而应考虑规范行为、培养品格、陶冶性情、锻炼能力、丰富知识、配合单元教学的实际需要。所有的栏目在填充内容时都要考虑所选内容是否有意义、有价值。在布置教室时，适时添加与教材有关的辅助教学资源，这是增强教室布置的实用性的有效方法。如上自然课时，可搞一个相关主题的图片展；上生理卫生时，

可在教室的适当位置张贴人体结构图；上作文课时，可安排学生优秀习作展等。

马克思说：人创造环境，同时环境也创造人。幽雅的人文气息，厚重的教室文化，这种潜移默化的影响是不言自明的，甚至往往具有滴水穿石的力量。那么，班主任如何营造有利于学生发展的班级文化环境呢？

教室前墙：教室正前方的墙壁，安放一块 400×120 厘米规格的黑板后，黑板的正上方通常会剩下超过 70 厘米高的空间，黑板的左侧和右侧通常会剩下 200 厘米宽的空间。对这三个空间常规的做法是：黑板正上方的墙壁空间用于设置"班训"；黑板右侧（教室前门）的墙壁空间，可开辟成用于班级建设、管理的园地；黑板左侧的空间，常用于悬挂电视，安放其他的电教设备，安放饮水机，这样，黑板左侧的墙壁一般不做另外的布置（如果没有这些设备，就可以将这片墙壁空间开辟成一块专栏，或者用来张贴或者悬挂《中学生守则》和《班级公约》）。

教室后墙：教室的后墙是教室布置的一个重要空间，班主任一定要对这一空间进行认真的布置规划。教室后墙如果安放有黑板，黑板正上方的空间可利用来集中张贴整个学段班级荣获的奖状、奖牌，黑板两侧各 200 厘米左右宽的墙壁空间均可开辟成专栏，黑板一般利用来办黑板报；后墙如果没有黑板，那么可以在距离地面 120 厘米左右的高度规划出一块 500 厘米×120 厘米版面的墙报栏，除此之外还可以考虑其他的安排。另外，黑板右侧的教室角落一般可用于安置扫除工具。

教室右墙：对于两面采光的教室，教室右面墙壁除开前后门和两扇窗户，已经没有太多的空间，除了墙壁中间的壁柱可用来悬挂条幅式的字画外，一般不作其他的考虑。如果这面墙壁只在中间开有一扇窗户，那么窗户两侧可利用的墙壁空间相对就比较大，可在距离地面 120 厘米左右的高度开辟两个左右对称大小均等的专栏。如果教室主要利用左面窗户采光，那么教室右侧墙壁的上部通常开有两个通风窗，通风窗下面距离地面 120 厘米左右的高度将分别剩下至少 300 厘米×100 厘米版面的墙壁，布置教室时，这两块可开辟成大小相等、左右对称的专栏。

教室左墙：教室左侧墙壁均用于教室采光，一般开有两扇窗户，对于主要利用这面墙壁的窗户采光的教室，这两扇窗户面积将很大，那么这面墙壁除了中间的壁柱之外将没有空间可利用；而对于两面均可采光的教室，这面墙壁上的两扇窗户可能是常规尺寸的窗户，由于这面墙壁不开门，因此除开窗户后，墙壁上将还有一定的空间可利用，在布置教室时，班主任老师可以灵活安排。

两侧壁柱：通常教室左右墙壁的中间均有一根用于承受教室大梁的壁柱，这两根壁柱在布置教室时，均可用于悬挂条幅式字画，或者悬挂名人画像及语录。

教室窗台：有些教室的窗台向外有延展，这样的较宽窗台，在充分考虑安全的前提下，可用于摆放盆景、花草。

教室走廊：可以摆放盆景、花草，教室外墙墙壁可匀称地悬挂两幅名人画像及语录。

桌椅安放：桌椅安放要考虑教室的整体布置。比如，为了让学生近距离观看左右墙壁上的专栏内容，左右两大组的桌椅均应向中间靠拢，空出 80 厘米左右宽的空间，这也有利于学生上课时看黑板。另外，桌椅的安放一定要整齐，这是班主任常抓不懈的工作，桌椅安放不整齐也将影响到教室的整体美观。

第二节 常抓课堂纪律不放松

一个班的课堂纪律的好坏反映一个班的班风和学风，这也是班主任工作的一个重点。不过，一个班级的课堂纪律并不能完全倚靠班主任一人，还得各科任课老师的协助。每个任课老师的上课风格、对学生的要求等都直接影响着一堂课的学习效果和课堂纪律。

传统的做法是班主任对那些不遵守课堂纪律的学生进行一味地批评与惩罚，但实际上效果并不尽如人意。要知道，班主任的强制管理只是课堂纪律的治标之法，学生的自我管理与对学习的积极性的提高才是课堂纪律的根本。作为班主任，如果能够充分调动全班同学对学习的积极性，投入课堂学习，保证班级整体良好的学习风气，让个别同学的捣乱和小话成为班级课堂的不和谐音，由身边的同学提出制止与纠正，班主任进行及时的引导，就能保证活跃又不紊乱的课堂气氛了。所以说，课堂管理是一门学问，要靠班主任的智慧管理才能取得良好的效果。

一、强化学生对任课老师的尊重意识。

班主任可以通过班会、晨会向学生阐述尊重老师的思想。尊重老师是学生文明礼仪的良好体现，而对老师最大的尊重，莫过于珍惜老师的劳动成果。同时，向学生们真实地介绍各位任课老师工作的认真与辛苦，让学生们明白任课老师为他们的付出，明白每一位任课老师都是爱护他们、关心他们的。这样一来，学生在以后上课的过程中就会对老师的讲课多一分理解和尊重。

二、沟通学生与任课老师的情感

如果能在课余时间加强任课老师和学生的情感交流，让他们进一步地熟悉彼此，那么学生在上课时就会少一些抵触情绪，更加积极地听课；而任课老师通过这些沟通，也能更好地了解班级里的学生，会更科学的制订讲课计划。如何联络学生和任课老师之间的情感交流呢？班里有什么活动，班主任可以让同学邀请任课老师参加。班里学生在学习上有问题，班主任可以鼓励他们多与任课老师沟通。除此之外，班主任可以和任课老师共同商讨班里同学的进步情况，讨论对同学间矛盾的处理方式，或者向任课老师请教班级的管理手段等，不仅取了经，也沟通了班级以及班级同学与任课老师的情感。

三、充分调动学生的上课积极性

这是班主任进行课堂管理的一个大学问。班主任要细心观察学生在课堂上的一举一动，弄清楚学生不遵守课堂纪律的原因，然后对症下药。如果是课堂本身的问题，要和任课老师多做沟通，给予这些学生额外的关注；如果是学生本身的问题，班主任要及时进行个别谈话，纠正问题。

四、利用班干部队伍

班主任还可以通过班干部的协助管理来整顿课堂纪律。比如从班干部那里了解班级的课堂纪律情况，可以让他们出谋划策，让学生自己管理学生，这样，那些调皮捣蛋的学生会更加服从管理，因为不仅是班主任一个人在盯着他们，还有搬上的很多同学在关注着他们。

总之，没有哪个孩子生来就爱捣乱，班主任要细心地观察，潜移默化地教育好学生，并要联系其他老师共同做好德育工作。

第三节 班级安全教育不可忽视

有关部门的统计显示，近年来我国中小学生每年非正常死亡人数达1.6万之多，平均每天就要有40名——相当于一个班的中小学生死于非命。目前，意外伤害已占到0~14岁儿童死亡原因的第一位，意外死亡人数占总死亡人数的近30%。全国每年约有4000万中小学生遭受各类伤害，其中需要门诊或急诊治疗的1360万，住院的335万；120万学生的正常功能受损，40万因伤害造成残疾，估计经济损失30亿元，缺课2.6亿日。

由此可见，安全问题已成为影响中小学生教育的重要因素，所以班主任绝不能对安全教育工作掉以轻心。有些班主任以为只要把安全条例张贴在教室中，只要跟学生说过，甚至于只要在自己的安全工作日记中记录着就行了，其实这样的想法和做法都是极为错误的，无疑是给班级学生的安全留下了隐患。

一、帮助学生树立安全意识

班主任对班级进行日常安全教育，最主要是使学生树立安全意识，这对学生来说是非常重要的。一般来说，班主任应该帮助学生树立的安全意识主要包括交通安全意识、活动安全意识、饮食安全意识、交际安全意识和网络安全意识。

1. 班主任帮助学生树立交通安全意识

随着城市交通迅速发展，马路上车辆越来越多。如果学生在马路上行走不留心的话，极易发生交通事故。我们经常发现，在校门口或马路的十字路口，一些同学过马路时埋头飞奔；在公交车候车处，车未停下，学生蜂拥而至，你推我搡，场面混乱不堪……这些都是安全隐患。

班主任要提醒学生平时做到：走路走人行道，不在马路上玩耍；过马路走斑马线，注意来往车辆；在十字路口，做到红灯停、绿灯行；不足12岁不骑车上街，骑车不带人，不骑飞车；乘车时，不向窗外招手探头，乘车抓紧扶手、车停稳后再上下车。班主任要教育学生不仅自己要遵守交通法规，而且发现有人违反交通规则，要及时地劝阻。

2. 班主任帮助学生树立活动安全意识

在校内外，我们常看到一些学生不是这个手摔伤，就是那个脚划破，不是这个腿蹭破皮，就是那个没有按时回家，让家长担心不已。这些都是因为没有注意活动安全造成的。

对此，班主任要提醒学生：在学校，课间不要追逐打闹，更不能攀爬阳台、楼道栏杆；大扫除时，严禁爬上窗台擦玻璃；上下楼须靠右，做到轻声慢步，严禁在楼道里打闹、推撞；严禁在楼道上做任何危险的动作。在社会上，要远离建筑工地、车多人多的道路等存在安全隐患的场所；不到深坑、池塘、水沟、河流等不安全的地方玩耍；不玩火，不燃放烟花爆竹；不进入网吧、电子游戏厅等未成年人禁止活动的场所。如果出门一定要告知父母和谁在什么地方玩，更不要很晚才回家。

3. 班主任帮助学生树立饮食安全意识

俗话说，病从口入。生活中食物中毒的事件屡见不鲜。因此，班主任要教育学生购买袋装食品时要看清楚生产日期、保质期、生产厂家及地址，不购买"三无"食品；不在校门口和街头流动摊点购买零食，防止误食不卫生食品、过期变质食品，造成食物中毒；养成良好的个人卫生习惯，饭前便后要洗手。

4. 班主任帮助学生树立交际安全意识

某市一所小学曾发生了一起学生在上学途中遭人绑架后失踪的事件。为什么会发生这样的事件呢？学生在遇到这种意外伤害时应该如何防范？重要的一点就是班主任要不断培养学生的自我保护意识、提高自

我保护能力，有效地避免和预防意外伤害。班主任要教育学生不跟随陌生人外出游玩，不吃陌生人给的东西，不让陌生人随便出入家门等。

5. 班主任帮助学生树立网络安全意识

网络正以前所未有的广度和深度飞速发展，它影响着我们生活的方方面面，改变着我们的传统观念和生活习惯。计算机及网络将会成为我们今后学习、工作、生活的必要工具。校园网民，特别是学生"网虫"日益增多，甚至已发展成为"网上大军"。学生上网，在放眼世界，吸取网络营养的同时，亦不可避免地受到网络垃圾的冲击与影响。网上信息良莠不齐，有暴力、封建迷信、反动言论等暗流，严重地影响着人们的思想情感以及生活方式和生活质量，尤其对涉世不深的中小学生的冲击尤其严重，由于他们正处在青春前期或青春期，思想活跃，接受新生事物能力强，而辨别能力较差，人生观和价值观尚未形成，容易被"绚丽多彩"的网络世界所迷惑，从而迷失方向，导致道德的失落。

班主任要对学生进行网络素养教育，使学生自觉遵守网络道德规范，增强自我保护意识，引导学生正确认识网络，提高学生的信息道德意识，同时培养孩子分析互联网信息的能力及创造性使用网络的能力。

班主任要有超前意识，不断学习，拥有更高的信息素养，从网络中发现更多积极的因素，因势利导，引导学生正确认识和评价网络。如推荐适合学生浏览的文学、科普网站，当学生遇到难题时，指导学生在网上搜索答案，这不但能帮学生解答相关问题，而且提高了他们使用网络的能力。

二、多种形式开展日常安全教育

除了帮助学生树立正确的安全意识，班主任对班级进行日常安全教育，还需要做到以下几点。

1. 利用专门的安全教育课进行安全教育

国家教育部颁布《学生伤害事故处理办法》后，许多学校新开设了一门面向班级全体学生普及基本安全常识的课程——安全教育课。该课程一般有 10 个课时左右的教学时间，配备地方教材或本校教材，科任教师常由班主任担任。它使得班主任有了较为固定的对学生进行系统安全常识教育的时间。

2. 开展安全教育主题班会

这是班主任最传统和最常用的安全教育方式。其具体实施除了宣读安全守则、联系案例引导学生讨论和分析安全问题等方法外，还可进行如下创新：①在学生刚入学时，带他们去熟悉校园环境并实地进行安全教育。②开展"找身边隐患"的主题活动，让学生找出自己学习、生活过程中可能出现的安全隐患并提出防范整改措施。③组织开展以紧急疏散、人工呼吸、烫伤救护和预防自然灾害等为内容的安全演习或模拟情境训练活动，提高学生的防灾自救能力。④外出活动前针对活动特点组织专项安全教育，告诉学生如何防范和应对可能出现的摔伤、走失、交通、溺水等事故。

3. 成立班级安全领导小组，完善制度

成立以班主任为组长，班长为副组长，劳动委员、体育委员、各宿舍舍长等为成员的班级安全领导小组及事故处理小组，班主任负责全面安全工作，各班干部、舍长等具体负责某一时段的安全工作，如体育委员负责体育活动中的安全工作，舍长负责所住宿舍的安全工作等。制定和完善班级的安全管理制度，在教室、寝室、卫生、财产、放假等各方面均应有明确的安全规定。安全管理制度要落实到人，如宿舍长的职责之一就是在寝铃响 10 分钟后，若有同学未回寝室要及时向班主任报告等。

4. 让学生进行自治管理和自我评价

班主任不可能也做不到一天 24 小时都跟着学生，只有充分调动班级学生自我管理的力量，构建安全自治管理模式，才能做到时时有人巡查安全漏洞、处处有人监控安全隐患。因此，班主任应在班级中建立诸如安全隐患排查小组、学生矛盾纠纷监控小组、学生行为规范督查小组、事故应急处理报告小组等自治组织，通过这些组织掌控班情，及时

发现和排除安全隐患。

可以在班主任的直接指导下，每周由班长主持召开班级民主生活会，在会上通报学生一周的表现情况，表扬安全意识强、自我防范做得好的学生，对存在的不安全行为、隐患等提出严肃批评。同时学生们在会上展开批评和自我批评，共同商讨制定有效的安全措施。有条件的应制定和实施"学生自我评价体系"，让学生每天从遵章守纪、行为安全、值班值日、学习进步、为班争光等方面进行自我评价并填写自我评价表，班主任定期对得分靠前者给予奖励。

三、安全教育"五要"

除了要掌握方法外，班主任对班级日常安全教育还需要掌握必要的技巧，具体地，就是要做到"五要"。

1. 嘴要多讲

安全工作要天天不厌其烦地宣讲，时时处处向学生敲警钟。讲的内容可以是事例，也可以是方法。讲的场合可以是专门的（如安全教育课上和主题班会上），也可以是临时的（如学生宿舍查房时、课堂教学下课前）。

2. 腿要勤跑

虽然学生大部分时间是在课堂上度过的，但千万别忘了课余时间，许多安全事故都发生在课余时间。如果认为学生休息了，班主任也该休息，管理上的"真空时段"最易造成学生失控出乱。因此，班主任要多牺牲休息时间，在课余勤跑班级教室、学生宿舍，一来可以进一步了解学生的动态近况，二来可以及早发现和处理安全隐患，做到"勤到位，早准备"。

3. 心要仔细

班主任在安全教育管理方面要做个有心人。如在平时为学生提供天气预报资料，提醒学生保暖防寒；在恶劣天气到来之前，提醒学生尤其是路途较远的学生注意交通安全。又如平时要注意资料的搜集，特别是违纪、生病学生的资料要尽可能搜集详细；当学生打电话请病假、事假时，班主任要留个心眼，及时电话联系家长，以证实学生的言行。

4. 要多鼓励

心理学研究表明，鼓励可以起到增加行为次数和行为效果的作用。班主任对待学生要讲究艺术，多一些鼓励，少一些指责；跟学生交往要民主平等，多一些沟通，少一些训斥。班主任只有取得学生的信任和尊敬，才能够依靠学生及时发现和消除班级中存在的安全隐患。如果班主任专盯学生的不足和缺点，不断地冷嘲热讽，学生就会丧失自信，严重的将自暴自弃，厌学逃课，自杀轻生。其结果反而是增添班级安全隐患，酿成班级安全事故。

5. 要多沟通

首先是与班级学生的沟通。当学生之间存在矛盾摩擦时，班主任要沟通在先，消除隔阂，争取将事故消灭在"萌芽"状态。其次是与科任教师的沟通。请任科教师在教学中注意观察学生的言行及情绪，发现学生有反常情绪或异常行为要及时同班主任"会诊"并"对症下药"。再次是与学生家长的沟通。把学校的安全管理要求、学生的近期表现等事项告知学生家长，最大限度地争取学生家长的理解、配合和支持。最后还要与学校相关部门沟通。如要求学生管理部门组织开展专项安全教育、隐患排查活动；要求相关部门排除班级教室和宿舍中门窗、床铺、水电、地板、天花板等方面的安全隐患等。

第四节　利用网络管理班级

网络是一把"双刃剑",它给班主任的工作带来了冲击与挑战,但它作为一个新的育人环境,新的教育模式,新的教育手段和载体,又是一个有着巨大效能的教育场所。因此,充分发挥网络的优势,用丰富的德育内容,健康的班级文化,将网络转化为培养学生健康成长的前沿阵地,成为熏陶学生思想健康发展的崭新领域,正是新世纪广大教育工作者尤其是班主任开展班级管理工作的有效途径之一。

网络化班级管理是指在传统班级管理方法的基础上、通过局域网或广域网开展一系列跨越时空(实时和非实时)的班级管理活动。这种活动必须围绕现代班级管理思想、目标和内容来开展,是传统班级管理工作的延伸和补充,也是班级管理现代化发展的必然趋势。网络化班级管理主要通过在学校网站或者班级主页上建立班级电子档案(数据库)、网上课堂、虚拟社区、网上班队活动、网上家长学校、网上德育基地等途径来实现班级管理目标。

一、班级主页

班级主页是实现网络化班级管理的阵地,是虚拟化的班级新舞台,可以建立完善的富有吸引力的班级主页,提供一个虚拟的班级管理的网络化环境。

规划班级主页时,要尽可能做到栏目设计科学、名称新颖、界面友好、布局简洁美观、内容丰富,既要体现学科教学、思想教育、班级管理的内在要求,又要生动活泼,不乏时代感,符合学生的心理特点和兴趣爱好。完善的班级主页的栏目设置一般应包括网上课堂（分学科学习、练习、测试）、班级管理（数据库）、班级日志（Blog 博客）、网上班队活动、网上德育基地（主题类）、班级社区（聊天室、论坛、心理咨询）、网上娱乐、学生园地、网上家长学校、邮件列表等大体类别。主页制作完成后，班主任要定期检查和协助网页制作工作，收集反馈信息，调整栏目设置，不断丰富内容，及时更新。

班级主页除了有沟通桥梁的作用外，也是家长了解班级管理工作和学生学习状况的最便捷途径。通过建立"网上家长学校"等类似的交流栏目，可以促进家长参与学校管理。学校与家长联系的方式多种多样，但网络化管理使得班级管理开放性增强，便于家长随时了解班级活动状况和学生表现。班主任也可以通过邮件给家长发送学生成绩通知单或致家长信，通过论坛召开非实时的家长座谈会等，与家长交换意见，并同时得到学生的校外表现等信息。班级主页不仅有助于得到家长对学生管理工作的积极配合，也解决了班主任进行传统家访的时间矛盾，可以随时在线家访。

二、管理系统

分类详尽、内容完善、方便检索的班级管理信息系统是班级管理工作流程系统化、规范化和自动化的基础。完善的信息系统对于管理者了解学生学习及思想状况、分析原因、解决问题和制定决策将起到重要的信息咨询功能。班级管理信息系统一般都能提供学籍管理（包括电子照片）、成绩管理、评语管理、考勤记录和奖惩记录、个别教育记录、班级工作计划等众多的功能，全面完整地记载班级的各种信息，又能将各种信息以融会贯通、浑然一体的面貌集中地呈现出来，使班主任对班级情况一目了然，工作效率事半功倍。

班主任还可利用该系统定期对全班学生进行普查，建立学生情况预警机制，对于成绩不够理想的学生及时提出警示。该系统的深入应用还可以促进教师改变对学生的评价模式，通过跟踪学生表现和学习成绩，

发现学生的闪光点，改变以学期期末考试为依据的终结性评价方式为以学习过程为依据的形成性评价方式，在发展中科学地评价学生。为了掌握每个学生的个性特点，班主任需要在信息库中完善学生个性档案，尽可能详细地记录所有相关信息，建立起学习情况、个性特长、行为表现、品格发展、身体素质等数字化信息系统，并对各有关数据项进行及时准确无误地追踪记录。这对于后进生转化工作将起到重要的信息支持作用。班主任决策的过程实际上是一个信息的收集、整理和加工的过程，运用信息方法建立信息系统，就可以保证在决策之前，及时得到准确的情报，为班级管理决策提供科学依据。

三、网络主题班队会

主题班队活动是班级管理中进行思想教育的常见方式。传统的班队会活动，通常是班级学生、老师围坐在一起，在黑板上写好主题活动的名称，节目一个接一个演，活动一个接一个地进行。这样的班队会往往是由老师一手策划，队员在活动中的参与率较低，学生的主体性得不到发挥，学生参与的积极性大打折扣，活动很难达到预期的效果。校园进入了信息时代，网络文化赋予了班队活动新的意义，信息时代特有的工具给单调的班队活动形式带来了勃勃生机。充分利用网络的信息优势，培养学生的创造精神和实践能力，开展新型的班会活动，互联网可以成为主题班队会的新平台。

设计适合学生年龄特征、形式活泼、内容丰富的各类主题班会，班主任推荐可选择的站点，让学生利用互联网搜集网络资源，进行再处理和加工，形成自己的观点，然后把自己的成果制作成幻灯片、网页、画册等与同学们交流展示，或者将优秀网页发布到班级或学校主页上，学生们在展示中会获得最大的成就感。在这一过程中，学生可以有目的地漫游网络知识海洋，搜集、筛选有价值的信息，自然会减少游戏、娱乐和交友聊天的时间比例，而更多地利用互联网开展研究和创造性的活动。

四、博客日志

班级博客日志（Blog）是传统班级日志的网络化改进版，作为班级建设制度的一个重要方面，它能充分发挥每个班级成员的能动作用，集激励、表扬、批评、自教于一身，采取自主管理这种先进的班级管理模式，能有效地推动班级工作的开展，达到建设优秀班集体的目的。Blog技术不仅带来记录的便利，而且增加了班级管理工作的公开性和透明度，班主任对班级一些事情的看法也应该让学生看到，并且得到来自学生的反馈。采用博客日志，能为班级建设长期积累数字化资料、数据和素材，加上方便跟踪和检索，对于实现科学化的自主管理是十分有效的。

如果校园网提供 Blog 服务，最好给每个班主任提供两个 Blog：一个班级用 Blog，由学生参与；一个班主任用 Blog，由班主任管理。班级用 Blog 可作为班级日志，让更多的学生参与进来，作为写作园地、网络小报、德育专题、留言板等发表看法的场所。利用班级博客日志，不仅班主任，全体学生和其他科任老师都可以参与到日志的记录中来，其中的信息量和真实性，远比纸质日志来得更多更全面。同时，因为有了更多学生的参与，也会更加活泼和生动。班上任何活动都可以使用 Blog的方式记录下组织工作的方方面面，比如说每次活动的进展，遇到的问题，需要什么样的支持和帮助。班主任、科任老师或其他班级的学生也可以通过 Blog 随时关注活动的进展，通过它来出谋划策。这个日志能够随时让每个成员都看得到，并且可以对其中的问题进行评论。这种交互性可以大大增强班集体的凝聚力，加深同学之间的沟通和了解。

五、班级论坛

在网络中，学习的环境与气氛是虚拟的，尽管教师与学生、学生与学生可以通过聊天室或讨论区进行互动与交流，但这种交流与面对面的交流有着很大的区别，特别是交际双方的心理活动会有很大的差异。现

实的班主任日常管理，必然要与学生面对面交流，虽力求平等对话，但有时会在学生心理上造成居高临下的压力，这种心理压力是无形的。以网络为媒介的班级论坛交流则消除了这种压力，即使胆小、内向或害羞的学生也会乐于参与网上讨论与交流。由于这种交互双方身份的隐蔽性，可以使受教育者说出自己的想法和观点。班级论坛作为师生交流的新纽带，其优越性是传统班级管理无法比拟的。

班级论坛还是一个同学间相互交流的平台，同学之间的交往将更加自由，缓解了心理的闭锁性，拓宽了交往面，加深了同学间的了解，一旦形成健康向上的班级舆论，班集体的教育功能将得到充分发挥，对于形成良好班级文化氛围，促进班级面貌改变是有积极作用的。

六、电子邮件

利用网络与学生沟通，除了使用班级论坛外，另一个最常用的交流工具就是电子邮件（E-mail）了。据统计，目前国内用户使用最多的网络服务是电子邮件，占 91.3%。可见，使用电子邮件加强与学生思想沟通应该是有网络基础的。班主任可把自己的 E-mail 地址在班内公布，欢迎学生们来信以署名方式或匿名方式交流学习问题、生活问题、思想问题或班级管理问题。由于 E-mail 的匿名、隐蔽的特点，能充分缩短师生之间的心理距离，消除班主任职业所赋予的权威给学生带来的心理压力，学生可以大胆地各抒己见，真实地表达自己的内心情感。

第五节　合理冷静地应对偶发事件

偶发事件，是指突然发生在教育教学活动或学生的日常生活当中，严重影响学生个体或班集体的利益与形象，扰乱正常秩序或危及学生安全的事件。由于偶发事件事出偶然，没有预先的思想准备，也往往没有充裕的时间仔细思考处理的对策，因而偶发事件往往都是些棘手的事件。

把所有的偶发事件都看作偶然的、意料之外的，其实并不完全确切，因为"偶然"之中往往隐含着"必然"的因素。比如班级工作组织不严密，对学生缺乏全面的了解，班主任的自身素质欠佳等，都容易提高偶发事件发生的频率。处理偶发事件的水平，最容易体现出一位班主任的办事能力、教育智慧、理论修养和思想水平。

偶发事件处理得当，可以迅速有效地平息事端，化干戈为玉帛，变坏事为好事，能有效地教育全班学生，提高班主任威信；反之，如果偶发事件处理不当，则极易使局面失控，导致师生冲突，甚至发生难以挽回的恶性事件，伤害学生身心健康，损坏班主任形象。每一位中小学班主任都要认真学习和探讨处理偶发事件的技巧，做好处理偶发事件的心理准备。

一、偶发事件的处理原则

班主任在处理偶发事件时，应该遵循以下的基本原则。

1. 冷静沉着的原则

偶发事件因其突发和难以预料，常常令班主任措手不及，心理容易

失衡。特别是有些事件纯属学生不讲文明、不守纪律所致，有的甚至是个别学生对教师的"公然挑衅"，很容易使班主任产生"是可忍，孰不可忍"的愤怒情绪，并产生使出"杀手锏"、"杀鸡儆猴"的想法。在这种情况下，班主任产生恼怒、委屈、急躁的情绪是可以理解的，但千万不能失去自制力和理智，因为处理偶发事件的大忌就是缺乏冷静。

首先，通常偶发事件发生后，学生处在不冷静的状态之中，班级气氛也很紧张，学生们都十分关注班主任的态度和情绪。班主任如能遵循冷静沉着的原则，不仅能够稳定事态，同时也是对学生的一种教育和示范，使学生的情绪也趋于平静，这就为处理偶发事件确定了一个良好的开端，打下了一个良好的基础。

其次，班主任如果缺乏冷静，急于解决问题，就会忽视对偶发事件的成因和来龙去脉做认真的了解，就容易偏听偏信、主观臆断，或是只从现象来认识和解决问题，就容易急于下结论，急于判断是非。这样就难以把握处理偶发事件的分寸，造成处理不当和失误。所以，当偶发事件发生后，班主任要保持冷静，马上了解情况，认真分析，并把握处理的分寸。

遵循冷静沉着的原则，班主任就要迅速果断地决策，化解激化的矛盾冲突，稳定当事人的情绪，对全班学生（如果涉及面很广的话）提出要求，并随机采取必需的措施。

2. 因势利导的原则

要做到因势利导，就必须建立在全面了解学生的基础上。班主任平时要注意观察了解学生，分析研究学生，积累和占有资料。只有这样，遇到偶发事件，才会心中有数，才会处变不惊，才会找到开启学生心灵之门的钥匙。

要做到因势利导，就必须努力形成较为融洽的师生关系。班主任平时要善于组织各种活动，善于调解学生的矛盾关系，善于排除学生的心理障碍。当偶发事件发生后，要善于与学生沟通，善于取得集体舆论的支持。这样就会便于与学生配合，使学生较容易接受班主任的临时安排，使偶发事件更容易得到处理。

要做到因势利导，班主任就要善于发现和捕捉偶发事件中的闪光点和转化的契机，挖掘积极因素，化不利为有利，把偶发事件的处理迅速纳入最为有利的轨道。

3. 重在教育的原则

偶发事件多半是比较孤立的事件，也多半发生在少数学生身上，但处理偶发事件却要着眼于大多数，提高教育的效能。除了极个别的偶发事件涉及个人隐私、不宜公开处理外，大多数的偶发事件都可以用来"借题发挥"，作为教育的内容。班主任处理偶发事件，不仅仅要解决某个具体的矛盾，教育某个具体的学生，而且要通过偶发事件的处理，使大多数学生总结教训，提高认识，受到教育。

心理学的研究成果也表明，平时学生的心理处于相对平衡状态，偶发事件的爆发使这种心理平衡被打破，这时他们对周围信息反应特别敏感，思想矛盾特别尖锐，是学生最易接受教育的时机。抓住这些时机，常可以收到意想不到的理想的教育效果。因此，处理得当，偶发事件常常成为教育学生的契机。

二、偶发事件处理办法

在坚持以上三条基本原则外，班主任在处理偶发事件时，还必须掌握一些技巧和方法。

1. 降温处理法

降温处理，就是班主任暂时采取淡化的方式，把偶发事件暂且"搁置"一下，或是稍作处理，留待以后再从容处理的方法。

发生偶发事件后，学生多半头脑发热，情绪不稳，因此很难心平气和地接受教育。班主任也容易心理失衡，较难有充分的教育准备和冷静细致的分析。这样就形成了学生和班主任准备不足的状况，如果贸然实施"热处理"，就难免发生失误或难以取得最佳的教育效果。

因此，对待偶发事件，常用的办法就是冷处理。冷处理是从班主任

和学生的心理状态的角度提出的，也是从提高教育效果的角度提出的。实施冷处理，并不是对事件不作处理，也不是拖拖拉拉不及时处理，而是尽量减少偶发事件的负面影响，争取调查了解的时间，等待最佳的教育时机，为全面、干净、彻底解决偶发事件，做好充分准备。

2. 移花接木法

班主任处理偶发事件时，有时会遇到这样的情景，当时所要完成的任务和时间都不允许着手进行偶发事件的调查和处理，而不进行处理又无法平息个别学生的情绪，或是这样的事件原本也不必搞得水落石出，过了一段时间，这样的事件就不再成为"事件"。对此，班主任可用移花接木的方法，利用学生身上的某个闪光点，根据小学生注意力容易发生转移的心理特征，巧妙地把对偶发事件的处理转移到另一件事情上去。

3. 幽默化解法

有些偶发事件，原不必争个曲直长短，但却形成了尴尬的局面，或是如果非追究下去不可的话，结果只能是越搞越糟。遇到这种情况，聪明的办法就是用幽默来进行解决。运用幽默，不仅可以调节情绪，缓解冲突，更主要的是，它本身就是教育的武器。幽默是智慧的表现，也许能将一场冲突消于无形。

第六节　组织丰富多彩的班级活动

"班级活动"的"活动"是通过开展活动拓展学生的知识，激发其兴趣，培养其能力，陶冶其情操，张扬其个性，发展其特长，全面提高他们的素质，充分体现教育过程中学生的主体地位，因而，开展班级活动对学生的全面持续发展具有重要的意义。

班级活动的基本形式，按发生的场所可分为：课内班级活动、校内课外活动、校外活动。按活动内容可分为：学习活动、科学技术活动、文娱体育及文化艺术活动、社会实践活动、社区服务活动、班队会活动等。

一、组织班级活动的环节

班级活动一般由以下四个基本环节组成：

1. 计划

它是教育活动过程的起始环节，包含班级的学年活动、学期活动计划，以及每次活动的实施细则。计划的具体内容有：活动名称、目的要求、形式、步骤、时间、地点、活动器材、各项具体活动的负责人、活动评价、活动管理等项目。

2. 实施

它是教育活动过程的中心环节，是达到活动目的、完成活动要求的基本手段，是活动全过程中的关键。班级活动要按照活动计划去展开，允许在实施过程中对原计划作必要的修改。

3. 检查

它是教育活动进行过程的中继环节。计划实施一段时间之后，就要将计划的实施情况与计划相比较，看实施情况是否符合计划的预设要

求，了解实际效果。要发动全体学生自觉地参加检查，在检查中要加强指导，不断提高活动质量。要关注学生活动的无形结果，对学生过程与方法、情感态度价值观要有正确的评价。

4．总结

它是教育活动进行过程的终结环节，要用科学的方法，对已经做过的工作进行评价，肯定成绩，总结经验，指出缺点，进而明确下一个活动应努力的方向。

班级活动的四个基本环节之间既相互联系，又统一于教育活动过程之中。其中计划统率着整个活动过程，实施是为了计划的实现；检查是对实施的监督，是对计划的检验；总结是对计划、实施、检查的总评价。这四个环节的有机结合，形成了班级活动的系统过程。

二、组织班级活动的基本原则

要想成功组织班级活动，至少坚持以下四点：

1．坚持方向性原则

有的班主任，既不考虑教育目的，也不考虑班级实际，更不考虑主客观条件，活动无目的、无计划。方向性原则，就是要求明确活动目标，根据需要与可能，制订出切实可行的活动计划并付诸实施。

2．坚持自主性原则

有的班主任不考虑学生的个性、爱好、兴趣，指令学生参加这个小组、那个活动，其结果往往事与愿违，学生的积极性、创造性难以发挥，学生的特长亦无用武之地。自主性原则，就是要在学生自愿自由的基础上，做活动的主人，自己动手动脑，自己管理自己，自己教育自己，使学生的主观能动性与专长、潜能得到充分发挥。

3．坚持创造性原则

有的班主任不善于动脑筋，将别人开展课外活动的方案照搬不误。这就使课外活动的主题、内容、形式难免老面孔、多重复，机械、呆板且脱离实际。创造性原则，就是要充分发挥班主任的主观能动作用，创造性地开展工作，积极探索，勇于开拓。即便要借鉴他人的做法，也要以"借他山之石，攻本班之玉"为目的，拿来为我所用，努力使课外活动新颖、有趣，富有吸引力。

4. 坚持整体性原则

搞好课外活动，单靠班主任一个人是不够的，要调动一切积极因素，求得学校、家庭、社会力量的密切配合，形成多方位、多层次、多渠道的活动网络，以发挥教育的整体效率。

三、组织班级活动的基本方法

组织班级活动的成败，与是否能选择最佳活动项目主持人、最佳活动形式、最有效的管理方式、创设良好的活动情境等紧密相关。

1. 班级活动项目主持人的选择

将班级活动作为一个整体或者分成若干相互联系的板块，通过开放的、民主的途径选出活动项目主持人。活动项目主持人类似于企业管理中的项目经理，对自己负责的班级活动任务进行策划和实施。包括活动的要求、实施、督查与评估等，其中实施过程就要考虑到参与人员的分工和协调，场地、器材等物质保障、安全措施等因素。

作为班级活动主要形式之一的班会活动，选择主持人是重要的一环。主持人可以是老师，也可以是班干部；可以是班级学生代表，也可以是特邀嘉宾。到底选择什么人为课外活动主持人，则主要是看其是否具备下列基本素质：①仪表端庄，举止大方，有主持好班级活动的热情与信心；②有一定的口头表达能力，且语言幽默、诙谐；③有一定的组织协调能力；④有一定的处事不惊的应变能力。班级活动的主持人，可以是一个，也可以有数个。一个主持人便于指挥集中，但能力有限；几个主持人，好在智力互补，但难以协调一致。能否选择恰当的人选担任活动主持人，是活动成功与否的关键。

2. 班级活动形式的选择

班级活动的形式有很大的选择余地，但要注意考虑两方面的因素：

一方面要与活动内容相适应。例如有关伦理性的教育内容，当学生对同一事件或问题有各种不同的看法或评价，甚至有尖锐对立时，可采取讨论、辩论等形式；如果目的是为了树立某种学习的榜样，则可以采取报告会、讲演、读书评论、编演等，反映先进事迹的节目或者组织学先进的相应实践活动；如果是为了总结班集体与学生取得的成绩，弘扬其先进事迹和先进思想，可采用汇报会、作业与成果展等方式；如果是为了促进师生之间、学生之间的了解、交流，就可以采用联欢、游园等方式。另一方面考虑活动形式的吸引力和为学生提供的积极参与面。这就要求相联结的几次班级活动在形式上的变换及形式的新颖性。有时，可以围绕同一主题开展一系列活动，把教育影响不断扩大、不断深化。

3. 班级活动管理方法的选择

班主任对班级活动的管理，通常有以下几种方式：

参与型。班主任自始至终以主体的身份参与整个活动，或吟诵，或高歌，或演讲，或踢球，这样做有利于师生情感的沟通和组织管理的协调，亦有利于学生积极性的提高。

遥控型。班主任因为担心学生的自律、自控能力，怀疑班干部的组织管理能力，所以，虽不参与却每次现场必到，并不时地指指点点。这样做，虽然看上去令行禁止，活动纪律严明，但学生始终在老师的掌控下活动，无形中会产生压抑感，且不利于提高学生的自控、自治能力。所以，这种管理方式显然是不足取的。

放任型。参与型的管理方式，固然有许多好处，但不利于学生的自我教育与自我管理。学生在老师面前，总不免有些拘谨，影响其创造力的发挥。放任型的管理方式，恰恰可以弥补“参与”之不足。所谓放任型，就是在活动时间内，班主任不到活动现场，而是放手让班干部组织管理。但这种管理方式，又容易脱离学生，容易流于形式，难以达到预期的效果。因为学生的自觉性是有限的，班主任不到场，亦容易使学生误以为老师不重视。

班主任要善于通过自己的创造性思维，探索出更为完善、更为科学的管理办法，以提高课外活动的管理水平。比如民主型管理，要求班主任能处理好教师指导和学生参与的关系，既要放手让学生自我管理，充分参与，又能适时、适度地发挥班主任的指导和管理作用。

班主任要"适时适度"发挥引导作用，可以抓好"四个点"：①选好接触点，即学生与时代脉搏的接触点；②诱导兴奋点，把学生的兴趣、爱好和议论的热点，引导到关心国家大事、关心自己健康成长上来；③点拨关节点，加强班级活动的思想观念、设计思路和实施方法的指导；④升华感受点，引导学生从感性认识到理性认识，从个别到一般又到个别，从抽象到具体的飞跃升华，在知、情、行、意的统一上争取实效。

4. 班级活动情境的创设

班级活动情境的创设，可分为两种情况：一是利用自然环境和社会环境，如游览名山大川，参观历史博物馆，祭扫革命烈士墓等；二是创造环境，如搞模拟法庭、晚会现场布置等。但无论是利用或者是创造，都必须精心设计，精心构思，精心组织，精心加工，使之与教育内容相呼应，与教育形式相陪衬，与时间空间相结合。

班级活动情境的创设，可使学生在特定的时空，感受到更真切、更形象、更深刻的教育。例如：一位全国优秀班主任，在巡视班级时听到一些学生正在谈论人民公园内男女青年谈情说爱的情况，津津乐道地归纳出七种姿势。这位班主任冷静地思考了好一会儿，一言不发地走开了。第二天，他向全班同学宣布，班级将在星期日举行游园活动，集合地点就在人民公园旁边的市图书馆。到了星期日，同学们都兴致勃勃地来到图书馆门口，唯独不见班主任的身影。同学们左顾右盼，无意地看到了图书馆门口排起的长长的队伍，而且以青年男女居多，都在聚精会神地边看书报边等图书馆开门。这一幕正是班主任精心安排的"无声教育"。半个小时后，班主任老师匆匆赶来，他向同学们道歉后便开始游园。"不知不觉"间来到公园的"英语角"，同学们看见不少男女青年正在用英语对话。当然，这也是班主任有意设计的。接着，班主任把学生带到新华书店，学生们看见的仍然是不少男女青年勤奋学习的情景。所见所闻使学生们看到了当代青年积极进取的"主流"。没有长篇大论的说教，却使学生们深受教育。

第七节 要依法治班

当代中小学生绝大多数是独生子女，在家庭中的特殊地位，养成了他们当中许多人强烈的自我中心意识。在他们的意识中，他们的需要就是"法律"，这些孩子习惯于家长围着他们转，一些学生稍有不如意便会赌气、离家出走，甚至自杀轻生。他们显得很不适应集体的规范和社会的法律要求。由于当代中小学生处于开放的社会中，跟以前的学生相比，他们的思维更活跃，思想更开放，行动更洒脱。但由于他们的思想不成熟，判别能力差，社会上的种种落后、消极的东西，他们也往往会不加选择地效仿吸收，如崇尚拜金主义、享乐主义、无政府主义，沉湎于电子游戏厅，模仿武打、警匪、言情影视作品中的打打杀杀、讲哥儿们义气、谈情说爱等。有一些学生往往深受其害而导致违纪甚至违法犯罪。

班主任在班级管理中应强化自身的"法治"意识，引导学生制定班级规范，指导学生开展班级法制教育活动，引导学生在执行班级规范的日常教育中受到潜移默化的熏陶，使学生形成强烈的法制意识，养成良好的遵纪守法习惯，更好地完成"社会化"进程。

班级是个"小社会"，班主任个人的意志代表不了每一个学生的意志，也左右不了每个学生的意志和行为。开放的社会、开放的教育需要班主任在班级管理中实行开放的"法治"。著名教育家魏书生老师在谈如何做学生思想工作时说："埋怨学生难教育，常常是我们自己方法少。"他认为班主任应该时刻抑制自我中心意识，把自己放到和学生平等的地位，在教书育人过程中时刻把学生当"助手"，一切与学生有关的事情都要"商量商量"。魏老师的这些观点给班主任在班级管理中实行"法治"以有益的启示。那么，怎样在班级管理中依法治班呢？

一、充分发扬民主，引导学生参与制定班级规范，使班级"法治"有法可依

班级规范的制定，首先要符合大方向，也就是要遵循国家的教育方针、教育目标，符合学校的整体工作思路，尤其是德育工作思路。因此，班主任有必要向学生介绍国家教育方针、教育目标以及学校的工作思路，介绍教育发展形势，引导学生学习《中小学生守则》、《中小学生日常行为规范》以及学校制定的学习、生活等各项规范。

班主任在引导学生学习有关方针、政策、守则、制度的基础上，首先要让学生对班级已有的规范进行全面清理，要求学生写出喜欢和不喜欢的班级规范的原因，以保证班级每一条规范都能体现学生的意愿与意志。其次，由班级干部汇集、整理、归类学生意见，酝酿拟定新的班级规范初稿，班主任提出修改建议，分发给每个学生，充分展开讨论。再次，由班级干部整理定稿。最后由全班同学讨论通过后并予以实施。

班级规范要充分体现出规范、引导、激励学生的作用。班级规范的执行不能仅仅停留在一般常规的具体落实上，不能仅仅要求学生必须做什么，能做什么，还要能够引导学生向更高的标准去努力，要提出一些学生通过努力能达到的倡导性要求。

班级规范不必面面俱到，要针对班级学生中存在的、普遍需要解决的问题来确定条款。比如，班上学生已经养成了上课不迟到、不早退、不旷课的习惯，但班上学生身体素质差，锻炼身体的意识不强，这时在班级规范中就不必再列出上课不迟到、不早退、不旷课条款（这些条款学生守则中有，不必担心学生不去做），而要对学生发展身体素质提出比较明确的规范要求。这样的规范才符合班级实际，有班级个性，也更具操作性，更能产生实际效果。

二、创设班级管理工作岗位，让学生在竞争上岗中积累管理经验，培养管理能力

在班级"法治"管理中，最好实行"全民皆官"，全班共管，让班级人人有事做，事事有人做，使每一个学生在管理与被管理中分享管理的酸、甜、苦、辣，增强遵守班级规范的意识，提高"法治"管理的水平。班主任可以通过以下方式创设班级管理岗位。

1. 毛遂自荐竞选班长

班长在班级管理中无疑起着举足轻重的作用。班长人选的产生必须做到：①学生本人自愿为班级服务，即自荐的；②班长必须参加竞选，接受全体同学的评判；③经全体学生选举后，由得票最多者当选班长，他对全体同学负责，同时也对班主任负责。

2. 选举产生班级管理委员会

班级的班委会、团支部委员的人选由学生竞选产生，其产生程序跟竞选班长类似。其工作职责主要保证班级学习、思想、文体活动、卫生劳动等各方面工作的连续性，不至于因为班级班干轮换制、值日班长制的实施而使工作间断。其组成人员要精干，其任期一般为一学期。

3. 实行值日班长制

实行值日班长制，即按姓氏笔划或座位顺序或学号顺序每天由一名学生行使班长职责，他在班级管理委员会领导下全权处理班级这一天的日常工作。班主任要注意对每一名值日班长在上岗前培训指导，下岗后总结得失，以便学生在下一轮上岗中工作做得更好。

4. 实行班干部轮换制

干部能上能下，这是竞争社会的法则。作为锻炼成长中的中小学学生干部，也必须能上能下，将来才能适应社会的要求。班级干部轮换要做到：①为保证班级工作的连续性，要确立轮换中新、旧干部的比例，具体人选由新任班长提名并经班级选举通过。②每一轮干部任期至少为半学期。时间太短，这一轮干部无法得到真正有效的锻炼；时间太长，其他学生又失去了锻炼的机会；③班主任要对每一任期的班干部进行培训、指导，让每一任期的班干部真正通过管理实践积累管理经验。

5. 设立班级公共事务管理小岗位

班主任还应指导班干部将卫生、公物保管等班级公共事务分解到每一名学生，与每一名学生的考核挂钩。此外，班级还可设立学习互助岗、生活自理岗、文体活动岗、信息交流岗、板报宣传岗、图书管理岗等各种特殊岗位，使学生能在班级管理中找到自己满意的位置，各展所长，各尽其能。这些岗位虽小，但它们是班级管理的一个最小的单元，属于基础性的工程，因此其岗位职责必须具体、明确，而且班主任也必须时常予以指导。

三、放手让学生成为班级管理的主人

对班级创设的各种管理工作岗位，班主任决不能越俎代庖，否则，这些岗位无异于形同虚设。班主任要相信各个岗位管理者的能力，应该放手让他们组织各项活动，在活动中不仅要让能说的说、能唱的唱、能做的做，使每个学生有参与的公平机会，还要让不善说的学着说，不善唱的学着唱，不善做的学着做，使每个学生在班级活动中锻炼成长。各项活动可以由班级相应岗位的承担人组织，班主任给予必要的点拨。

班级中综合性的活动，如参加学校运动会，参加学校法制教育月，参加学校艺术节，组织班级素质教育成果汇报会等，这些活动内容广泛，涉及人员多，活动时间长，因此应由学生报名组建专项活动组委会。专项活动的具体组织由组委会全权负责，对班级全体学生负责，对班主任负责。组委会因活动的开展而设立，因活动的结束而撤销。

班级中的常规管理活动，如班旗、班徽、班歌、班训的制定，如三好学生、优秀学生干部的评选，学生操行等的鉴定都应该由学生唱主角，以切实增加这些管理性活动的透明度，杜绝"暗箱"操作行为，给每一个学生以公平、公正、公开的待遇。

四、建立班级"法治"执法监督机制，引导学生自理、自治、自练、自强

如果有"法"不依，违"法"不究，执"法"不严，那"法治"则是空谈。班主任和班级每一个岗位上的管理人员都要乐于接受监督，形成自觉接受监督的良好习惯。班级的执法监督机制包括如下几个方面：

1. 设立建议信箱或意见信箱或班级自主管理信箱

设立建议箱信或意见信箱或班级自主管理信箱，其目的就是为了广开言路，获得班级"法治"的综合信息，使执"法"监督、执"法"检查有据可依。

2. 设立班级违纪处理合议庭

班级违纪处理合议庭由班长、纪检委员、值日班长组成，是一个动态的监督组织。合议庭依据广泛调查取证，对照校纪班规合议作出处理意见，处理意见书面通知违纪人并书面报告班主任等规定程序公正行使职权。

3. 设立班级违纪仲裁小组

班级违纪仲裁小组由班主任、团支书、值日班长组成，负责对班级违纪合议庭对违纪学生处理意见进行复议，即维护被处理学生的合法权益，维护校规、班规的严肃性，减少和杜绝人为因素的影响和干扰。

4. 坚持民主评议制度

班主任要定期召开民主生活会，组织学生交流，组织师生开展批评与自我批评，提高师生的"免疫力"，努力促进学生个体在相互交流中对照校纪班规发现自己的缺点和不足，并及时提出对近期班风、学风建设的认识及建议。班主任和学生通过民主评议可以发现班集体学习、纪律、生活、管理等各方面存在的问题，有助于班主任及时予以指导、引导，使班级管理更加民主、科学、规范。

第八节 科学管理班级

班主任作为班级的领导者，应当学会运用科学管理知识来管理班级，国外流行的管理学理论对班主任工作具有借鉴的价值。

新时期的班主任要学会运用管理学中的 X、Y、Z 理论。

一、班主任工作 X 理论

不同的班主任，对所在班级的学生有不同的看法，持 X 理论观点的班主任认为：

（1）多数人天生懒惰，多数学生不愿意学习，只要可能就会逃避学习。

（2）多数人胸无大志，多数学生不愿意承担重任，人们总是喜欢依赖别人，心甘情愿地接受别人的指挥。

（3）多数人安于现状，多数学生不愿意接受新的东西，学生容易受骗上当，习惯盲从。

（4）多数学生以自我为中心，多数学生只注重自我而忽视组织的存在，特别是在独生子女群体中尤其突出，因而会常常发生个人的打算与组织目标相矛盾。

（5）人大致可分两类，多数人是符合以上设想的，而少数人能够克制自己的感情、自我鼓励，这些人能够担负起管理的责任。

持这种观点的班主任，必定使用"大棒加胡萝卜"的策略管理学生，用名利乃至金钱作为激励学生的主要工具，把惩罚视为一种有效的管理学生的手段。

二、班主任工作 Y 理论

持 Y 理论观点的班主任，班级管理工作建立在对学生充分信任的基础之上，对人的天性和行为动机有恰当的认识，他们这样看待他的学生：

（1）一般而言，人都是勤奋的，并非是天生厌恶学习。如果具备良好的环境和学习条件，学生的学习就如同做游戏和休息一样自然。相反，如果学习环境和条件不具备，会让学生感受到一种屈辱和惩罚。

（2）控制和惩罚不是使人实现组织目标的唯一方法，班级管理不能依赖于单纯的奖惩制度，更重要的是要相信学生的自觉，充分相信学生的自我控制和自我教育能力，让其充分表现出知的潜力。

（3）激励在任何时候任何地方都是需要的、都起作用。当好班主任的秘诀之一就是赏识你的学生。班主任的最大责任，在于使用各种有效的方法，使学生在致力于学习和投入班级活动过程中，获得个人自我最大需要的满足，学生在班级里得到快乐和幸福是班主任工作的最高境界。

（4）在正常情况下，人们不仅会接受责任、对工作负责，而且会主动地寻求责任。逃避责任、缺乏抱负并不是人的天性，大多数人在解决困难问题时，都能发挥出相当程度的想象力和创造性才能。班主任的工作要通过学生的表现来体现，好的班主任无时不在，他不在班级时学生时时都感觉到班主任的存在，他在班级时学生们并不因为班主任在场而感觉到受拘束。

（5）一般而言，人的智慧和潜力只发挥了一部分，而没有得到全部发挥。加德纳医生告诉我们，人的智能有八种，不同的人在智能方面存在相当大的差异。班主任的责任，就是要创造适当的条件，使孩子们的聪明和才能得以自我实现，所有的孩子都是聪明的，只是他们的聪明各有不同。

Y 理论是以人为中心的理论，持 Y 理论的班主任会认为他的学生个个都有成长和发展的潜力，他会利用学生的本能动机、发挥出学生的学习潜能。这样的班主任会不断改进自己的工作，提高工作效率，挖掘潜力、排除障碍、鼓励发展和帮助引导，为学生创造更好的学习条件，让学生承担更多的班级管理责任。

三、班主任工作 Z 理论

中国古代以孟子为代表的思想家提出过"人性本善"的理论，以荀子为代表的思想家则提出了与之相反的"人性本恶"的理论。千百年来，性善、性恶并无定论。

中小学生处于未成年期，身心都在不断发展和变化之中，在不同的情况下会有不同的需要和心理动机。有时候，在相同的情况下，对同一事物，也会表现出不同的需要和感情。因此，班主任工作的 X 理论并非一无用处，Y 理论也并非是万能的。针对不同的情况，选择或交替使用 X 理论和 Y 理论，这就是 Z 理论，有人称它为超 Y 理论。这种理论的实质就是提倡将个人、班级、教学目标三者之间做最佳的配合，形成班级内外的和谐统一。

（1）一个新班级是由来自不同社区和家庭的学生走到一起而形成的。来到这个班级的学生的自身条件与动机各有不同，但是他们来到这个班级的目的都是为了实现自己的人生目标，都需要通过这个班级来融入这个社会，使个体社会化，正是教育工作的最基本的职能。

（2）不同的人，对管理方式的要求是不一样的。有的人喜欢用 X 理论来管理班级，有的人可能更适应用 Y 理论来管理班级。教育的方法多种多样，同样的方法用在特定的班级可能是正确的，可能是经典之作，但照搬照抄到别的班级往往会弄巧成拙。

（3）班级的目标、学生的行为习惯和学生素质条件对班主任的工作有很大的影响。选择适当的班主任工作方式，要了解自己的学生。高明的教师看重的不是教学生学习什么，而是要知道学生需要什么，尤其是要教会学生所不知道的东西。教给学生同样的东西、用同样的方法来教，

对城里的学生和农村的学生而言效果是不尽相同的。

（4）当目标达到以后，个人的需要得到满足，原来已经实现的目标，又会激起人们产生新的需要，向着新的更高的目标努力。教学实践中有一种让学生如何摘果子的说法，有人主张让学生跳一跳才能摘到果子，有人主张让学生伸出手就能摘到果子。班主任实际上要让学生不断地伸出手采摘果子，一个接一个的去摘，有的果子可以轻而易举地让学生摘到，有的果子则需要跳起来去摘，这样多次反复地能摘到果子的学生才能不断的成长和发展。

在管理学上的 Z 理论，实质上是一种情势理论，它要求管理者根据实际情况，灵活地采用不同的管理方式，尽可能做到具体情况具体分析，做到因时而宜、因事而宜、因人而宜，不同情景采用不同的方法，而不是千篇一律或因循守旧。Z 理论在班主任工作中的运用，就是要求我们的班主任在教学管理的实践中落实千百年来人们倡导的一个教育口号：因材施教。

心理辅导篇

对学生进行心理健康教育，班主任应是主力军，这是新时期赋予班主任的新职责。开展心理健康教育不仅能使中学生有良好的心理状态进行学习和生活，更好地适应未来社会的挑战，同时也为实现终身教育提供了一个优良的心理平台，满足现代人对心理健康的需求。因此，作为班主任，必须了解心理学方面的知识，确立心理健康的理念，掌握心理健康教育的方法和策略。

第一节 实施心理健康教育的独特优势

就我国目前学校采用的班级授课制及赋予班主任的班级管理职责来说，班主任若能成为学生心理健康教育的主要力量则是最理想的。事实上，在实际工作中，班主任从事心理健康教育也有其独特的优势。

一、鲜明的针对性

班主任接触学生机会多，因而对学生了解全面、深入，能及时察觉学生的心理变化，容易发现学生的不良心理倾向，根据本班的整体情况和突出问题、学生特点开展班级心理健康教育活动。

某校新生刚入学时，某班主任发现多数学生对新的学校学习生活不适应，有的学生过分放松，出现浮躁情绪，而有的学生过高估计周围同学的实力，产生过大学习压力，提前陷入迷茫和恐惧之中。这时该班主任及时根据掌握的学生心理动态，有针对性地进行学习方法、学习态度、自我认识和心理调整的教育，帮助学生尽快、顺利地适应新的学习，减少了心理问题出现的隐患。

二、氛围营造的便利性

学生心理健康水平往往是学生个性心理特点和环境互动作用的结果。作为管理者的班主任可以为学生营造一个和谐的班级氛围来消除环境的不良刺激，达到培养学生良好心理素质、开发学生心理潜能、防治学生心理问题的目的。

在班级氛围营造方面，班主任因其管理者的角色地位，比其他一般任课教师、专职心理教师更容易、更方便营造出预期的班级氛围。如一般重点高中的学生刚入校时，常处于生理、心理成长的"暴风骤雨"期。这些学生多数是初中学习的佼佼者，进入重点高中后，不仅要适应该年龄段本身需面对的自身成长的压力，还要适应更为激烈的学习竞争，接受自己目前在班级中的相对位置。但有的学生根本不能理解"为什么在初中，即使不怎么努力也可以轻松拿第一名，可是到高中，再怎么努力，成绩都不理想"，由原来的备受教师和同学瞩目变得"平凡得不能再平凡"。这种极大的心理落差导致原本非常自信、自尊的学生变得痛苦、自卑。内心的自卑时时刻刻提醒他们，自己和别人是不一样的，是不被关注而受歧视的人。这时候，就需要班主任引导学生以动态、发展的眼光看待自己和自己面对的现实，同时为他们营造一个宽松、和谐、友好、互助的班级氛围，在以合作为前提的良性竞争中共同进步。

三、实施的系统性

班主任作为一个班集体的引领者，有利于调动多方力量，形成合力，共同作用于学生的心理健康教育。这里的多方力量，包括学生生活所处的社区、任课教师、家长、班级同学等方面。

某女生，少言寡语，在班上独来独往，难见笑脸，在周记、作文中反映出思想消极、悲观的倾向。班主任王老师通过观察及与该生的接触、谈话了解到其问题的主要是因父母经常责备、各方面表现中等、不被关注而陷入自卑心态所致。如何帮助该女生走出自卑的阴影，树立自信？王老师制订的辅导方案是：第一，与家长交流，希望家长降低不切实际的过高期望值，改变教育方式，对孩子少一些指责、抱怨，多一些鼓励、赞许；第二，与任课老师沟通，给该生多一些关注，充分挖掘其闪光点，及时发现其点滴进步并在全班表扬；第三，帮助该生制定学习与个人特长发展计划，让其通过努力，获得学习的进步，并在班级给其展示特长的机会；第四，开展主题班会"如何树立自信"，发动班级的团队力量，

相互帮助，相互促进。

显然，相对于其他心理健康教育者，学校中班主任更容易充分运用家庭、学校、班级多方力量，给被辅导学生建立一个良好的社会支持系统，表现出心理健康教育的系统性。

班主任与学生接触的时间最长，便于对学生进行系统辅导。在学校中，班主任一般长期带班，初高中一般为三年，小学有可能长达六年，只有班主任可以长期不间断地陪在学生身边，可以根据本班学生各阶段的特点和出现的问题进行全程式的系统心理健康教育。

第二节 实施心理健康教育的原则

班主任实施心理健康教育的原则是指班主任对班级学生开展心理健康教育整个过程中应该遵循的一些基本指导思想。

一、面向全体学生原则

素质教育的内涵之一就是要求所有学生的素质都要能够得到提高，达到某一阶段所提出的素质标准和要求，因而学校心理健康教育也应以大多数乃至全体学生的心理素质水平的提高为基本出发点和根本归宿。它既不是精英教育，以少数所谓尖子学生为工作对象，又不像单纯的心理咨询和心理治疗那样，以存在心理障碍的少数学生为对象。心理健康教育要面向全体学生还在于当我们对全体学生心理教育工作做得富有成效时，个别学生心理问题的发生率会大大降低，或出现的问题更易于解决。

贯彻面向全体学生原则要求班主任：在制订班级心理健康教育计划时要着眼于全体学生的发展；确定心理健康教育内容时要考虑大多数学生的共同需求与普遍存在的问题；组织团体辅导活动时，要创造条件，让尽可能多的学生参与其中，特别要给那些内向、胆小、表达能力差、不大引人注目的学生提供参与和表现的机会。

二、预防与发展相结合原则

学校心理健康教育的功能分为三个层次：矫治、预防和发展。矫治功能是解决个别学生已经形成的心理和行为问题，如强迫症、自闭症、抑郁症等。预防功能指帮助学生形成正确认知，学会用有效、合理的方式满足自己的需要，提高人际交往水平，学习自主应付生活中各种心理困扰，防止心理问题产生，保持正常的生活秩序与学习状态。发展功能指培养积极的心理品质，如自尊、自信、坚韧等，充分发挥个人潜能，过健康、充实、有意义的生活。

班主任实施心理健康教育，应是预防、发展重于矫治。这首先是由心理健康教育是以全体学生为工作对象这一特点决定，出现心理和行为问题的学生毕竟是少数；其次也是因为就专业素养而言，班主任目前还难以深入到"心理治疗"的层次；而从根本上来说，还是由于预防、发展比矫治更具有积极意义：因为任何严重的心理问题与行为偏差的产生都有一个发展过程。青少年在成长过程中难免有各种不顺与不适，遭遇失败与挫折，如学业不理想、家庭破裂、与他人人际关系紧张等。在此时，如果没有及时的心理帮助，加上个人性格的因素，心理阴影日积月累，最后可能导致心理疾患的产生。若个体在遭遇逆境时，施以及时而恰当的心理健康教育措施，可以帮助当事人脱离困境，使其回到正常生活轨道，这比等到当事人已经有了严重的心理问题再来矫治要有效得多，解决问题也要彻底得多。

以处于成长与发展时期的青少年为工作对象的学校心理健康教育，在预防的同时还要追求发展，将预防与发展结合起来。因为高水平的心理健康不仅指没有心理疾病、行为符合规范，而且意味着积极的理想追求、良好的社会功能、高效率的学习工作状态、和谐的人际关系、健全的人格和丰富的精神生活。

贯彻这一原则，班主任需注意：一是主动开展班级心理辅导活动，未雨绸缪，防微杜渐，针对正常学生开展各种适合其年龄特点的辅导活动，以培养学生良好心理品质：二是对于那些处于不适状态（如生活发生了重大变故、学习一直很努力但成绩总不理想、很不适应新学校新班级学习生活等）的学生应能及早发现，并能及时实行早期干预，这要求班主任有觉察学生心理与行为变化的高度敏感性。

三、学生主体原则

学生主体原则要求班主任在实施心理健康教育过程中要尊重学生的主体地位，充分调动学生的主动性和积极性，发挥学生的主观能动性，使班级心理健康教育能真正取得实效。

学生主体原则是实施心理健康教育的关键，这是因为：

首先，心理健康教育要求以自觉和主动促进学生的成长和发展。心理健康教育的基本功能是促进学生的成长与发展，而成长与发展要以自觉和主动为条件。如果学生缺乏意愿，强行实施的教育必定会由于学生的抗拒、冷漠和排斥而毫无效果。

其次，心理健康教育强调的是"助人自助"。"助人"只是载体，让学生学会"自助"才是目的。心理健康教育的终极目标是发展学生的自我教育的能力、独立应对生活挑战的能力。只有当学生以"主人"的身份积极投入心理健康教育活动时，这一目标才有可能达到。

再次，对于自我意识、独立倾向快速发展的青少年期学生充分发挥其主体作用，还能满足学生独立个性的需要。

贯彻学生主体原则，班主任应考虑到：

第一，学生的需要。教育内容的选择与设计，要以学生的需要为出发点，围绕学生关心的或学生普遍存在的实际问题来进行，而非传授系统的心理学知识。只有这样，学生才有兴趣主动参与，才能获得体验，产生领悟。

第二，学生是主角。教育设计中，要让学生唱主角，注意学生是整个教育活动中的主人，班主任的作用是从旁协助，提供建议。在教育过程中，要鼓励学生发表看法、探索解决问题的办法。班主任应避免使用"你听我说"、"我告诉你"之类命令式、灌输式的语言，宜用鼓励性的、商量式的口吻说话，如"我能体会"、"原来如此"、"请继续讲"、"你的意思是不是这样"、"我想做一点补充"、"对这个问题我的看法是"、"如果这样看是不是更全面"等。

四、尊重差异原则

尊重差异原则就是要重视学生的个别差异，具体问题具体分析，因势利导，采用灵活多样的教育策略对待学生的个别化问题。需要说明的是，前面提到的"面向全体学生原则"是就心理健康教育的对象范围而言，这里所说的"尊重差异原则"是就心理健康教育的具体方法而言，二者并不矛盾。

世界上没有两片完全相同的树叶，更没有两个完全相同的人。人类遗传学告诉我们：人有 23 对染色体，经受精作用可产生大约 70 万亿种染色体分配不同的受精卵。由于每一个染色体都含有大量的基因，而基因和染色体在一定条件下都会发生变化，由此而造成的遗传信息组合的种类多得不可计数。故一般认为，除同卵双生子外，世界上不可能产生两个遗传上完全相同的人。此外，更重要的是人们在后天生活条件、家庭与学校教育状况、个人经历方面存在着广泛的差异，故每个人在体质、体形、知识技能、能力、气质、性格及其组合上必定独一无二。学校教育的目的不是要消除学生身上的这种独特性以及学生之间的差异性，而是要使每个学生的独特性在积极的方向上得到最充分、最完美的体现。

贯彻尊重差异原则，班主任应注意：

1. 了解学生的个别差异

只有了解了学生的个别差异，才能有针对性地个别对待。可采用多种手段了解学生的个别差异，如观察、谈话、找家长或其他老师调查等。特别是与学生谈话，若能深入学生的内心世界，这种了解才是全面的、立体的、真实的、可靠的。

2. 对不同学生实行区别对待

不能采用一刀切的方式，采用一套僵硬的模式去对待每一个学生，而应根据学生的性格特征、家庭环境、人格特点，灵活运用心理健康教育的通用原理，设计并组织实施适合学生的辅导活动。

五、整体发展原则

心理健康教育追求的是学生人格的整体发展，注重的是学生知、情、意、行等方面协调发展。学生心理发展往往受多方面因素影响，心理偏差的出现也往往是多种不良因素共同作用的结果：如厌学，表面上看是一个对学习缺乏兴趣、学习动力不足的有关学习方面的心理问题，但若仔细去了解那些存在厌学心理的学生，也许隐藏在背后的原因或是对父母过高的期望值、严格管理的消极对抗，或是生活中遭受重大事件打击后的一蹶不振，或是长期被同学、老师忽视而失去学习热情……如果我们总是头痛治头、脚痛治脚，则往往是解决了这个问题，另一个问题又出现了。所以，班主任在实施心理健康教育时，需注意贯彻整体发展原则，具体来说，要注意：

1. 树立"全人教育"的理念

眼中有"人"，而不仅仅是"教书"，在以智能学习为教育重点时，不要忽视对学生智能学习产生极大影响的情意成分，实现学生的整体发展。

2. 采用综合的心理健康教育模式

实施心理健康教育有多种途径和方法，为促进学生人格的整体发展，班主任最好能根据学生的具体情况，综合运用各种途径和方法。同时，还可以调动其他任课教师、家长、社区义工等社会资源，为学生建立积极的心理支持系统，发挥各种因素在统一的教育活动中的作用。

第三节　班级心理健康教育的内容

一、中小学心理健康教育的 12 项内容

　　班级心理健康教育的内容，是以班级心理健康教育目标为直接依据的。从当前我国中小学教育的具体情况出发，为了实现班级心理健康教育的目标，可将现阶段我国中小学班级心理健康教育的内容列为使学生掌握 12 个方面的知识，增强 12 种能力，实现 12 个具体目标。

　　（1）开展心理健康知识和普及教育，使学生掌握心理卫生常识，增强自我心理保健能力，从而防治心理健康问题，增进心理健康。

　　（2）进行人格塑造教育，使学生学会修身养性，增强人际协调能力，从而能对自己的个性心理品质扬优抑劣，促进个性的完善。

　　（3）进行智能开发教育，使学生乐学，会学，增强学习能力和创造能力，从而纠正不良学习心理与行为习惯，促进智能提高。

　　（4）进行人际交往教育，使学生学会交往，乐于合作，增强人际协调能力，从而减少人际冲突，促进人际和谐。

　　（5）进行积极适应教育，使学生积极适应自身、环境及社会的各种正常变化，增强适应能力，从而避免适应不良，促进顺利适应。

　　（6）进行正当竞争教育，使学生勇于且善于竞争，增强竞争能力，避免错误竞争，促进正当竞争。

　　（7）进行承受挫折教育，使学生学会应付挫折刺激，增强心理承受力，从而避免心理失常，具备坚强的意志。

　　（8）进行情绪调控教育，使学生学会科学的情绪调控，增强自我

情绪调控能力，从而避免心理失衡，培养积极情感。

（9）进行自律自理教育，使学生学会自我约束，独立处理，增强自制自主能力，从而避免放任依赖，促进主动发展。

（10）进行科学认识教育，使学生学会辩证思维，提高认识鉴别能力，从而避免错误认识，促进理智增强。

（11）进行性心理卫生教育，使学生掌握科学的性知识，培养自我调控性心理的意识和能力，从而防止不良性心理和性行为的产生，养成良好的性行为习惯。

（12）进行升学和应试教育，使学生树立正确的职业观，提高应试能力，从而避免错误的职业选择，促进人尽其才。

二、各阶段的具体教育内容

中小学的心理健康教育，必须从不同地区的实际和学生身心发展特点出发，做到循序渐进，设置分阶段的具体教育内容。具体来说，小学低年级、小学中高年级、初中年级和高中年级的心理健康教育，包括如下内容。

（1）小学低年级的心理健康教育主要包括：帮助学生适应新的环境、新的集体、新的学习生活与感受学习知识的乐趣；乐于与老师、同学交往，在谦让、友善的交往中体验友情。

（2）小学中、高年级的心理健康教育主要包括：帮助学生在学习生活中品尝解决困难的快乐，调整学习心态，提高学习兴趣与自信心，正确对待自己的学习成绩，克服厌学心理，体验学习成功的乐趣，培养面临毕业升学的进取态度；培养集体意识，在班级活动中善于与更多的同学交往，健全开朗、合群、乐学、自立的健康人格，培养自主自觉参与活动的能力。

（3）初中年级的心理健康教育主要包括：帮助学生适应中学的学习环境和学习要求，培养正确的学习观念，提高学习能力，改善学习方法；把握升学选择的方向；了解自己，学会克服青春期的烦恼，逐步学

会调节和控制自己的情绪，抑制自己的冲动行为；加强自我认识，客观地评价自己，积极与同学、老师和家长进行有效的沟通；逐步适应生活和社会的各种变化，培养对挫折的耐受能力。

（4）高中年级的心理健康教育主要包括：帮助学生具有适应高中学习环境的能力，发展创造性思维，充分开发学习的潜能，在克服困难取得成绩的学习生活中获得情感体验；在了解自己的能力、特长、兴趣和社会就业条件的基础上，确立自己的职业志向，进行职业的选择和准备；正确认识自己的人际关系的状况，正确对待和异性伙伴的交往，建立对他人的积极情感反应和体验。提高承受挫折和应对挫折的能力，形成良好的意志品质。

第四节 班主任心理健康教育的方法

心理健康教育的方法，是指班主任对学生进行心理健康教育所采取的具体措施和方法，这里，仅将最有普遍意义的心理健康教育方法介绍如下。

一、传授心理知识

目前，我国不少学校已专门开设了心理健康教育专门课程，尽管各校的课程名称不尽相同，如有的叫"心理常识课"，有的叫"心理指导课"，有的叫"心理辅导课"，有的叫"非智力因素课"，等等，但其实质是一样的，即向学生传授有关心理学知识。

二、开展活动进行心理健康教育

人的心理是在活动中产生、发展、形成并表现出来的，这是心理学的一个基本观点。从这一观点出发，班主任就应通过有目的、有计划地组织学习参加各种形式的活动，来培养学生良好的心理品质。

在班级心理健康教育工作中，可供学生参加的活动主要有：一是学习，这是学生最主要、最基本的活动形式。二是课外活动，它主要包括社会实践活动，如社会调查、参观、访问、社会服务、座谈会、报告会、旅行、夏令营等；文学艺术活动，如学习书法、绘画、舞蹈、音乐等；科学技术活动，如无线电、航模、计算机等；体育锻炼活动，如武术、体操、围棋、象棋等。三是劳动，包括工农业生产劳动、社会公益劳动（如植树造林、街头服务、打扫环境卫生等）、校园建设劳动（如卫生大扫除、修整校园）和家务劳动等。

三、创造良好的环境

人是环境的产物，环境对人的心理发展起着重要的影响。诸如社会、学校、家庭的物质环境，社会风气、校风、班风、家风等精神环境，都是对学生心理有潜移默化作用的隐性课程。为了使班级心理健康教育富有成效，班主任必须优化心理健康教育环境。

四、开展心理咨询

心理咨询作为一种从心理上进行帮助的活动，乃是通过人际关系而达到一种帮助过程、教育过程和增长过程。按咨询对象划分，班级心理咨询可分为个别与团体两种。具体情况在后面的两节进行介绍。

五、进行心理训练

心理训练，是指班主任有意识地运用有关心理学知识，使学生的心理品质得以锻炼而优化的过程。在班主任对学生进行心理健康教育的工作中，心理训练的任务有三个方面：一是为了巩固心理健康教育课程里所学的有关知识，将有关知识通过反复运用、练习、内化为个体的心理品质；二是通过训练，解决在某个年龄阶段，某校、某班普遍存在的共性心理问题，如独生子女的意志薄弱、性格缺陷，以及某班学生中存在的厌学倾向等；其三是通过训练，以预防、矫治学生个体身上存在的心理健康问题。

心理训练的方法颇多。广义上说，所有心理品质的培养过程都是心理训练的过程，在这一过程中运用的一切方法都可以认为是心理训练的方法。当然，需要培养的心理品质的内容不同，训练的具体方法也有所不同。例如，创造能力训练，可以用"暴风骤雨联想法"、"摆脱常规法"、"假想性推测法"等；情感的培养，可以用"认知切入法"、"爱的操练法"、"审美建构法"等；意志品质的培养，可以用"耐挫折训练"、"自我调控训练"等；不良心理品质的训练，则可以用"松弛训练法"、"模仿法"、"示范法"等不同的训练方法。

第五节　开展班级心理辅导活动

我们这里说的班级心理辅导活动是指由班主任设计和实施的，面向班级所有学生，旨在培养学生良好心理素质、维护学生心理健康的活动。它不同于一般的班级主题活动。

一、班级心理辅导活动的特点

1. 体现出学生的自我探索

班级心理辅导活动是让学生进行自我探索，在探索的过程中认识自我、调整自我、完善自我，并解决自己成长中的各种问题，如学习焦虑、交往困扰、情绪调适等。

2. 强调体验和感悟

我们知道，儿童的成长是个体的经验不断改组和改造的过程。因而要实现个体的成长，就要以自我体验为基础，而班级心理辅导活动往往是通过创设一定的情境、营造一定的氛围帮助学生获得自我体验，在体验中产生感悟。所以，班级心理辅导活动是一种自我教育活动，它不是靠灌输和说教，而是通过学生自己的体验和感悟，潜移默化地影响、引导学生。

3. 以互助、自助为机制

班级心理辅导活动是一种积极的人际互动过程，充分利用的是学生自身的资源。辅导活动一般都有主题和目标，它是依据学生一定的心理需求制定，容易为学生接受，达成共识。作为集体的一员，学生在辅导活动中既是受助者，又是助人者。同时，这种互助可以增进学生的自

尊、自信体验，从而达到自助。

二、班级心理辅导活动的内容

1. 学习辅导

就是帮助学生解决学习中产生的心理问题，着重对学生的学习情绪、动机、意志进行辅导，也包括学习策略和技能的训练。许多研究表明，学生在学习中遭遇的最大"敌人"不是自己能力不够，也不是学习任务的难度大，而是遇到困难和挫折时产生的情绪问题和动机障碍。如许多学生都有过学习成绩不理想的经历，有的学生能够正确对待，合理归因，改进学习方法后，继续努力；有的学生却因此产生焦虑或自卑感。焦虑是一种消极的情绪反应，过度焦虑会影响学习，学生的消极情绪还会直接影响其学习动机。如一些学生不做作业、旷课乃至逃学等学习退避行为，便是由学习失败带来的消极情绪引起的。学习技能训练侧重于注意力、记忆力、发散思维和学习策略训练，增强学生的学习技能有助于提高其学习成绩。

以下便是一个班主任进行班级心理辅导的成功案例。

某初中毕业班的一位班主任在中考前将全班同学带到公园里好好地玩了一整天。这次活动没有做刻意的安排，班主任只是让大家"疯玩"。同学们也终于放下思想负担，心无旁骛地玩了一整天的时间，身心得到了放松。在经历了这次彻底的放松和休息，同学们的心理负担减轻了许多，结果中考考出了不错的成绩。

2. 人格辅导

着重对学生的自我意识、情绪、人际交往技能进行辅导。

自我意识辅导活动旨在让学生自己有一个全面客观的了解，善于发现和正确对待自己的长处与不足，尤其是处于青春期的学生，其生理发育的加速带来心理的迅速发展，其中一个显著的标志是自我意识的觉醒。

青少年的成人感、独立性日趋增强，但在理想与现实、内心与行动、闭锁与开放之间会产生许多冲突与困惑，非常需要帮助与指引。情绪辅导活动着眼于帮助学生认识自己的情绪，表达自己的情绪，控制和调节自己的情绪。中小学生的情绪不太稳定，而情绪又是最为敏感和活跃的心理成分，情绪不好常使人心情不能平静，从而影响学习和生活。帮助学生学会调适情绪，有利于学生驾驭自我，以更好地适应环境。

人际交往辅导活动主要是帮助学生学会与同伴、老师、父母实现良性沟通。学会与人沟通是中小学生必须具备的一项重要社会技能，良好的人际关系有利于促进学生的学习和心理健康。

3. 生活辅导

侧重于休闲、消费和生活适应等的引导。随着家庭经济条件的改善，学生手里的零花钱多了。双休日的实行又使学生的休闲时间增加了。这就需要一方面指导学生如何合理消费，如何安排自己的闲暇生活，另一方面还要帮助他们学会自主选择消费和休闲方式。后者对于学生适应未来的生活更具意义。

4. 职业辅导

职业辅导是为学生未来的生活做准备的教育活动，旨在帮助学生在了解自己能力、特长、兴趣和社会需求的基础上，进行职业的选择和准备，为今后顺利地踏上社会奠定基础。

三、班级心理辅导活动的设计和实施

1. 确定活动主题

根据学生当前的心理需要或生活中出现的问题，确定活动主题。如每一学段的初始年级学生刚入学时，包括小学一年级新生、初一新生、高一新生会对新的学习生活出现不适应，产生各种不良心态，如紧张、焦虑、烦躁不安。此时，班主任可根据班级的具体情况确定与帮助学生适应新的学习生活有关的辅导活动主题。

2. 建立活动目标

包括认知、情感体验、行为实践三个层次。心理辅导活动的目标重

点在后两个层次，突出通过活动让学生获得积极的内心体验，从而形成良好的心理品质，建立恰当的行为模式。需注意的是，活动目标要明确具体，切忌含糊抽象，以利于操作、评估。如"调适不良情绪"这一目标的表述太笼统，不如改为"认识不良情绪给自己的学习、生活带来的危害，寻找缓解或消除不良情绪的方法，增强对情绪的调适能力"。

3. 设计活动方案

方案主要是围绕活动目标，确定活动的内容、形式及活动过程，这是最能体现班主任创造性的一个环节。但要设计好一次心理辅导活动也不是一件容易的事。它要求班主任要理解心理辅导的基本理念，掌握团体心理辅导的方法和技术，还需结合本班学生的心理特征及活动实施的现实条件综合考虑。

4. 活动实施

有了一个很好的活动方案，只是心理辅导活动成功的一半，另一半是班主任如何有效实施活动方案，以便达到活动目标。

班主任首先要注意的是角色的转换。如何从一个传统的管理者转变为一个民主型的辅导者，这会给刚开始开展心理辅导活动的班主任带来极大的挑战，比如，总想代替学生作出决定，而不是让学生去探索；总显得比学生高出一等，而不是平等地与学生讨论问题等。这需要班主任经常反思，逐渐改变自己的教育理念，改善自己的教育方式和对待学生的态度，真正做到尊重与理解学生。

其次，班主任要营建宽松的心理环境，鼓励学生自我表露。辅导活动就是要让学生表达自己真实的情绪情感，说出自己真实的想法，而不是掩饰、伪装自己。这样，班主任才能了解到学生真实的内心世界，与学生进行真诚的交流。但也要注意的是，在条件不成熟的情况下，如班级的安全感尚未完全建立时，班主任需把握学生自我表露的深度，以免产生负面影响。

第三，注意调动学生的积极情绪。在心理辅导活动中，班主任能否调动学生的积极情绪，能否与学生产生强烈的情感共鸣，决定着活动的气氛和学生参与的质量。这就要求活动形式、内容要符合该年龄段学生的兴趣，班主任自己在活动中情绪要饱满和放松，语言要有感染力等。

第四，座位安排与小组发动。要在有限的时间内做到人人参与辅导活动，往往需要以小组为单位开展活动。因而小组活动是班级心理辅导活动常用的形式，而传统的座位安排显然不便于小组活动。所以，活动前需对学生座位作重新编排，常用的是"马蹄型"或围圈坐、圆弧坐。

四、活动结束后的追踪、巩固

班级心理辅导活动的最终目的是要让学生的情感和行为发生变化，这并不是一次辅导活动后就能见效的，在活动结束后还需要进一步了解学生的内心状态，多次强化、巩固目标行为，特别是对一些活动中尚未完全消化吸收的学生更要密切关注。

第六节 开展个体心理辅导不可少

学生个体的差异性是开展个体心理辅导的前提和出发点。不同的年龄、性别、家庭背景、个人遭遇等，都会造成不同的心理状态。同时，也给班级心理健康教育提出了不同的要求。与针对群体问题的班级心理辅导教育相辅相成的个体心理辅导，也是班主任工作中的重要内容。个体心理辅导的对象包括受学业成绩困扰的学生、生理有缺陷的学生、人际交往不良的学生、家庭环境特殊的学生、品德不良的学生等。

一、个体心理辅导的程序

1. 明确当事人的问题

这里的"当事人"指的是班主任的个别辅导对象。明确当事人的问题也就是透过现象看本质，通过观察、与当事人的谈话，他人如同学、任课老师、家长反映出的当事人的问题表现，明确当事人问题的核心所在。

2. 确定辅导目标

这一阶段的主要任务是明确当事人应向什么方面改变，改变后，当事人应达到一个怎样的状态。且经辅导的最终目标是个体能过健康的、有意义的、自我满足的生活。大体说，包括三方面：一是愿意为自己的行为负责；二是接纳自己与他人（与自己、环境和平相处）；三是发挥潜能（自我实现）。

根据辅导的最终目标，确定与当事人相适应的具体目标。若是行为塑造，则具体目标就是减少或消除一些不恰当的行为，改造一些行为，学习并练习新行为。

3. 探讨辅导方案

方案探讨就是双方共同制订出一个日程表样的东西，明确双方在什么时间做些什么，以及怎么做。步骤是：

（1）根据当事人问题性质及其与环境的联系、当事人个人条件和资源、环境中可利用的支持条件、辅导者的能力、经验和技术储备等，设想出各种可能的方案。

（2）对这些方案的优劣进行权衡。

（3）选定一个合适的方案。

方案可以是双方就某些矛盾、观念、感受进行讨论，帮助当事人达到透彻的理解、认知的重构；可以是采用某些策略对情绪问题进行疏泄或处理；可以是采用行为矫正技术去塑造或消除某种行为。

对方案的评价主要从三方面考虑：一是有效性。这个方案从辅导理念、辅导技术或辅导经验来看，是否能够达到目标。二是可行性。当事人对方案是否有兴趣并愿意实施；当事人、环境和辅导者有足够的能力、知识、经验，从而保证该方案能顺利实施。三是经济性。该方案花费的时间、涉及的人员数、工作量是否经济合算。

4. 行动实施

这一阶段就是对方案中拟定的安排——付诸实施。对当事人的环境施加影响，也是本阶段的一个重要内容。如与当事人的家长、任课教师沟通，帮助他们调整对待当事人的态度、学习要求、学习指导等。

该阶段，班主任应特别留意三种工作：一是对当事人行动过程中遇到的困难、不明白之处予以及时讨论或指导；二是保持对行动过程的监控或作必要的调整；三是随时注意评估进展情况。在做所有这些的同时，一定不要忘了维持一种安全、信赖、积极的关系氛围，最有力的支持总是来自班主任的态度。

5. 辅导评估

这一阶段主要是评估目标与收获。双方要对整个辅导过程进行一次全面回顾，根据确定的目标进行评估，确认目标达成的情况。必要时，

这种评估可以利用心理测验。

当然，班主任在实际的个人心理辅导中，不一定严格按照上述的步骤一步步地套，这个思路只是指导班主任个别辅导的基本指南。

二、实施个体心理辅导的方法

1. 谈话技术

班主任在实施心理健康教育之初，掌握一定的谈话技术是必要的。

倾听

倾听是辅导的第一步。倾听并不容易做到，因为倾听与一般社交场合的你讲我听不一样。所谓"倾听"，就是倾身、倾心地听学生讲话。要面对学生，身体前倾，眼睛看着学生，表达出这样的信息：我愿意听你说话，我在全神贯注地听，我会认真体会你的意思。

询问

询问分为封闭式询问和开放式询问。

封闭式询问通常使用"是不是"、"对不对"、"有没有"、"行不行"等语句，而回答也是"是"、"否"式的简单答案。这种询问常用来收集资料、澄清事实、获取重点、缩小讨论范围。当学生的叙述偏离正题时，需适当地终止其叙述，以避免谈话漫无边际。

开放式询问是以"什么"、"怎样"、"为什么"等词句发问，以引出学生对有关问题、思想、情感的详细说明。

一般来说，将封闭式询问与开放式询问结合起来，效果更好。

鼓励和重复

鼓励，即重复学生所说的部分话，或用某些词语如"哦"、"是这样"或"后来呢"等，来强调学生叙述的内容并鼓励学生进一步讲下去。鼓励和重复可表现出对学生的积极关注，促进谈话继续，引导学生的谈话朝着一定方向深入。

释义

就是把学生谈话的基本内容、意思，用教师自己的话反馈给学生。

释义的作用在于：检查教师是否准确理解了学生的意思；给学生以支持感；还可帮助学生重新审视、思考自己所说，从而激发学生的领悟。

释义的掌握要领：听取学生的基本意思，提纲挈领地向学生复述基本意思，观察学生的反应，看他是否感到被准确理解了。

情感反应

与上述的释义类似，区别在于，释义着重于对学生言谈内容的反馈，而情感反应则着重于对学生的情绪反馈。如"你感到很失望"、"你觉得委屈"、"这事你现在想起来还很气愤"。情感反应的最有效方式是针对学生现在的情感，而不是过去的。如"你此时的情绪似乎是对你的妈妈非常不满"，比另一句"你一直对你的妈妈非常不满"更有效。

一般来说，对学生的情感与内容的反馈是同时的，如"你的同桌在背后挑拨是非（释义），你对此感到非常气愤（情感反应），是这样吗?"（综合二者）。要注意及时、准确地捕捉学生瞬间的情感体验，并及时反应，使学生深切体会到被理解，谈话走向深入。

概述

就是当谈话的一个自然段落完成，或在一次谈话结束前，把前一段话所涉及的主要内容小结一下。概述的作用包括：使谈话显得有结构、有条理；通过回顾与归纳，对我们做了些什么、现在说到哪里了会有明确定向；帮助强化学生已获得的认识，加深其印象；为下一次谈话的主题做好准备。概述的关键是条理分明、重点突出。

影响

要使谈话更富有积极意义，以达到心理健康教育的目的，在倾听的基础上，班主任还需学会通过谈话巧妙地引导学生，给学生以及时的干预即影响。

（1）指导。即直接指示学生做什么、说什么或如何说如何做等。使用指导技术，教师应事先明了自己对学生指导些什么、效果可能会怎样。指导过程中叙述要清楚，确定学生真正明白了指导内容。如果让学

生复述一遍"我刚才对你提的要求"，注意所提要求应建立在学生理解与接受的基础上，不能强迫学生去执行。

（2）面质。就是让学生面对或觉察自己的态度、想法及行为的矛盾之处。例如，学生："我谁都不在乎，有什么了不起的！反正把这几年读完，就各走各的阳关道了"教师："你真的不在乎吗？（停顿一下）事实上，从你的话语中我感觉到你很生气，很难过，（停顿一下）因为他们都不理解你，是这样吗？"使用面质技术要注意的是，表达最好是尝试性的，不要咄咄逼人、无情攻击。如不要用"你说话怎么自相矛盾呢"这类过于直接的质问。

（3）建议和提供信息。就是对学生关心的问题提出建议，给予参考信息，以帮助学生获得问题解决的思路，作出决策。如，选文理科的困惑，建议找家长、老师、年长一点的朋友征求意见。给学生提供建议时注意：不要采用命令、指使的语气，可用比较温婉的语言；不要代替学生作出决策，始终把决定权交给学生。

（4）自我揭示。即教师公开、表露自己的某些经历、经验、情感等，与学生分享。通过自我揭示，教师起到示范作用，可以增强学生对教师的信任感。但自我揭示时，教师避免自己成为辅导活动中的主角，不能去宣泄自我，且揭示的内容最好是积极方面的。

2. 理性情绪辅导方法

理性情绪辅导方法是一项教育效果来得较快的心理辅导方法。且较为容易掌握。

美国临床心理学家艾利斯（Ellis）认为，人的情绪是由他所持的观念决定的，合理的观念导致健康的情绪，不合理的观念导致消极的情绪。人有许多非理性的观念，如我"必须"成功，并得到他人赞同；别人"必须"对我关怀和体贴；事情"应该"做得尽善尽美；课堂上的回答问题有错误是很糟糕的事，等等。他提出了一个解释人的行为的A、B、C理论：

A：个体遇到的主要事实、行为、事件。

B：个体对 A 的想法、观念。

C：个体对 A 的情绪反应。

我们的情绪反应 C 是由 B（我们的观念）直接决定的。可是我们往往只注意了 A 与 C 的关系，而忽视了 C 是由 B 造成的。如果是一个非理性的观念，就会造成消极情绪；若要改善情绪状态，必须驳斥（D）非理性观念 B，建立新观念（E）。这就是艾利斯理性情绪辅导方法的 ABCDE 步骤。

例：A，事件：考试没考好。B，观念：同学会取笑我，真丢面子。C，情绪：难过、沮丧；D，驳斥：这不是事实，只是我的主观想法，怎么知道同学会取笑？即使有人取笑，难道我就真的无法忍受？E，新观念：可能无人取笑我；被取笑只是我的一厢情愿，成绩可以改善；何况我还有其他长处。

3. 行为塑造技术

行为塑造技术是建立在行为主义理论基础上的一类方法的总称，是学校心理健康教育中常用的方法。

代币奖励法

代币是一种象征性的强化物，小红旗、小红星、小红花、盖章的卡片、特制的塑料币等都可作为代币。当学生作出我们所期待的良好行为后，我们发给数量相当的代币作为强化物。学生用代币可以兑换有实际价值的奖励物或活动。

行为限制法

有时候学生不愿意完成某项任务，是因为我们对他期望值过高。学生怕做得不理想，达不到要求，干脆就不去做。此时，我们对行为要求作个限制，学生觉得自己可以做到，反而会轻松愉快地做。如，一个学生不按时交作业或不完成作业，是因为作业太多太难。假如我们规定他每天只要完成 1/2 的作业，他反而会积极地做功课。待他有了进步后，再来提高要求。

示范法

观察、模仿教师呈示的范例（榜样），是学生习得社会行为的重要方式。由于范例的不同，示范法有以下几种情况：

（1）班主任自身的示范。如对于爱迟到的学生，班主任做到不迟到；对于爱撒谎的学生，班主任做到真诚以待。班主任与学生沟通的方式、对学生尊重的态度、分析问题的思维方式等对学生都有示范作用。

（2）他人提供的示范。如一个学生在某次竞赛中未获得名次，心情很低落。这时，班主任可启发学生："别人是如何看待这件事的?""其他未获得名次的学生此刻心情怎样?"

（3）电视、录像等媒体及有关读物等提供的示范。让学生观看电视、录像，向学生推荐有关读物，可帮助学生通过观察学习形成良好的行为习惯。

（4）角色的示范。通过角色扮演，让学生在模仿、再现角色行为过程中学习正确的行为模式。

消退法

就是不去强化引起学生不良行为的刺激或对于学生的不良行为不给予强化，以减少或消除学生的不良行为。如，有的学生上课爱搞一些恶作剧，引起同学发笑，干扰课堂秩序。教师常因为气愤做出过激反应。其实这种学生搞恶作剧的目的是设法引起他人注意。同学发笑与教师的过激反应对学生的恶作剧行为起到了强化作用。教师如果在指出学生恶作剧行为不当后，采取不理睬的态度，继续讲课，则学生的恶作剧行为因得不到强化而终止。

除了以上的方法，进行个体心理辅导的方法还有注意力转移法等。由于只用一种方法难以达到效果，所以在实际中，班主任往往需要综合各种办法。熟练地掌握这些方法，不仅需要理论的学习，更需要班主任在实践中不断地探索。

第七节　学生常见心理问题及处理方法

班主任在工作中所遇到的学生心理问题形形色色，这里所选取的是学生在心理发展过程中比较常见的一些问题。

一、好动

班主任一般都会遇到几个"爱动"的学生，他们上课时注意力很难集中，还喜欢搞恶作剧。不过好动、多动行为不一定是多动症，大多数多动的学生往往可能是精力过剩，有强烈的体力活动的要求，或属于情境性的躁动不安。因此班主任不要随意给学生贴上"多动症"的标签，可以采取一些办法：

（1）尽量鼓励其参与集体的娱乐活动。集体活动的种类很多，如游戏、踢球、制作等，增加注意力广度，减少与环境的不协调，并开启他们的智力。还可以让他们表演"心理剧"，通过扮演生活中的其他角色，学习心理置换，了解他人的意图和需要，改变其行为模式。

（2）班主任应多和其父母沟通，经常提供帮助与督促。要不断督促学生遵循已订好的计划，如合理安排作息时间表，使其生活有规律；多动的学生记不住人们说过的事情，为了让他们能遵循成人有益的指示，将这些指示书写成一个图表，不失为有效的方法。

二、自卑

学生的自卑可能与其性格、生活环境有关，但主要原因还是取决于我们教育的方式方法。那么，如何纠正学生的自卑心理呢？

（1）帮助学生树立"我不完美，但是我明天总可以更好"的信念。

自卑实际上是一种心理防御机制，一个人的自卑心理形成后，自己的能力评价很低，不敢大胆地与人交往。渐渐地会从疏远别人、自我孤独到自我封闭与周围人形成一道无形的墙，这又使别人形成不良看法，更加回避，反过来加深了自卑心理。所以要打破这种循环。

（2）让学生学会正确归因，进一步提高能力。有些学生幼年时形成胆小、内向的性格，随着年龄、阅历、能力的增长，很想获得别人的尊重和重视，但没有找到符合自己实际的办法，一旦遭到失败，就归因为自己笨，或者是运气不好等个人无法控制的因素。

（3）肯定优点，摆出实绩，给其成就感。班主任不仅要引导这些学生寻找自身的优点，而且还要多给他们在集体中或其他活动中亮相的机会，让这些学生逐渐树立信心，找回自信。

（4）行为迁移。对有自卑感的学生，还要进行行为训练，引导他们昂起头走路，训练他们敢于盯住别人的眼睛看，教会他们积极的自我暗示。

三、消极抵触

消极抵触的学生是那种一直对集体抱怨，或总是不同意别人意见，处处和别人作对的人。

对付消极的学生有三种可能的策略：

（1）在集体外和消极学生谈话，弄清他如此消极的原因。有的时候，这种学生只是想让班主任注意自己或在团体中发挥自己的作用，因此可以提供一个发挥他作用的角色给他。

（2）明确集体中的联盟者（态度积极的同学），并且把问题和意见导向他们，让这些同学多说，而让消极者少说，会有助于在集体中建立更积极的氛围。

（3）提问题时，避免与消极者有目光接触，免得引发他的发言。班主任不应当在其他学生面前与消极的学生发生正面的冲突，这会引发班主任和消极学生间的争论。如果班主任发现自己处在争论之中，最好的

办法是把焦点转移到别的话题上，然后在集体结束后再与该学生谈话。

四、总跟教师"过不去"

在进行班级工作时，班主任应当对那些想"跟老师过不去"的学生做好心理准备。"过不去"，是指故意破坏教师在课堂教育、教学中言行的意图。如不按照教师的指导行事，提出无法回答的问题使教师难堪，或者在教师说话时交头接耳。

班主任在意识到某个学生想要难倒自己时，应该做的第一件事就是把焦点从他与自己的激烈争斗中转移开。班主任躲开了学生想要难倒自己的企图，还应该努力弄明白为什么自己会成为靶子。如果班主任不明白事情的起因，可以在私下和学生交流："看来我们之间有些误会，是不是我说了或做了什么让你很难受的事?"如果学生不愿坦白他的想法，班主任可以从其他学生那儿了解情况，一般来说，这类学生会把不满的想法告诉同伴。这种私下的交流往往会收到良好的效果。

五、有负面情绪

下课的时候，张晓出去了一趟，回来看见自己的手机被同桌拿着玩，要求同桌交还，没想到同桌笑嘻嘻地传给了后面的同学。张晓不知道哪里来的火气，向同桌伸出了拳头……

处理这类学生的负面情绪是班主任工作中比较常见的一个内容，班主任可参考以下几个步骤进行：

（1）肯定

首先要从学生的角度去分享他的看法与感受，最有效的方式是直截了当地说出你看到的在他脸上流露出的情绪，例如："我看到你很生气，告诉我发生了什么事情?"

（2）分享

帮助学生捕捉内心的情绪，当学生描述事情的经过时，把话题带回到正确的方向（即先处理情绪），例如："哦，怪不得你有这样的反应!

你心里现在觉得怎样？"这里重要的是先处理情绪，后处理事情。当学生平静了一些之后，再引导学生说出事情的细节，好接着进行下一步的工作。

（3）设立限制

班主任应划出一个明确的范围，里面的是可以理解或接受的，而外面则是不能接受或者没有效果的东西。一个经受挫折的学生会以不适当的方式表达负面的情绪，例如打人、谩骂等，班主任在了解这些不良行为背后的情绪并且帮助他描述感觉后，可以使学生明白这些行为是不适当的，而且是不被容忍的。接着，班主任可以引导学生思考一些比较恰当的方式来处理负面情绪，例如："你对同桌拿走你的手机很生气，我明白你的感受，但你打他就不对了。你想，现在他也想打你，这样，你们就不能做朋友了，对吗？"重要的是要让学生明白他们的感觉不是问题所在，而是不良的言行才是问题的关键。

（4）策划

要帮助学生解决问题就要询问他想得到一些什么，然后与学生一起讨论解决问题的方法，引导他去发展自己的想法，帮助他做出最好的选择。

六、网络成瘾

网络成瘾的影响因素较为复杂，有家庭、学校、社会的因素。对班主任来说，可以使用以下方法改变学生网络成瘾的行为习惯。

（1）时间管理

核心在于通过给予适当的支持，帮助学生发展一种积极的行为方式以取代消极的成瘾行为。比如，可以打乱学生的网络使用时间表，如果学生喜欢在中午上网，那就在中午监督其午睡，让其适应一种新的时间模式，从而打破其上网习惯。还可以请父母监督上网情况，用小闹钟等手段安排他准时下网，从而逐步减少上网时间。

（2）支持群体

让学生参加诸如互助小组、兴趣小组之类的团体。提高学生结交具有相类似背景的朋友的能力，从而减少对网络交往的依赖。比如，可以参加一些流行音乐的合唱团或歌友会，先在现实生活中，和有共同爱好、共同语言的同学建立良好关系，再进一步发展其他的人际关系。

（3）家庭治疗

让家长明白孩子可能具有强烈的网络成瘾倾向，减少对网络成瘾者的责备。建议家长和孩子之间进行开诚布公的交流，帮助孩子培养一些新的有益于身心健康的爱好。

七、攀比消费

对学生的消费教育首先是对学生消费观的教育引导，对学生的消费心理和行为了解全面、客观。在消费思想教育中加强与人生观、价值观、国情等重要思想观念紧密相关的消费观的专题教育，充实、更新合理健康的消费观念。在全面提高学生素质的同时，培养学生的正确消费观念和消费行为，引导他们走向合理、科学、健康的消费方式。

第八节　掌握学习心理辅导的方法

学习是学生最主要的任务，但越来越多的学生表现出不想学、不会学的状态。学生在学习过程中不仅面临学习方法上的适应、学习习惯上的优化、学习兴趣和动机方面的维持与调整，也面临着由于自我意识的觉醒带来的对成绩及其成就意义的正确理解的问题。此外，考试焦虑的问题也是他们在学习中比较容易遇到的一个持久的话题。学生在学习中经常会出现的问题有以下几种：学习动机不足、学习习惯缺陷、学习倦怠、学习挫折、学习成绩波动、考试焦虑等。因此，应用心理学的方法对学生进行帮助是现代班主任的一项重要工作。

学习心理辅导可以分为发展性的学习辅导和矫治性的学习辅导。前者是指对学生的学习技能、学习方法、学习习惯和学习动机等进行训练和辅导，以培养学生良好的学习心理品质；后者是指对学生在学习中产生的障碍进行矫治，如帮助学生克服厌学心理、矫治注意力障碍等。对于班主任而言，更多的是前一项工作，包括学习动机的激发、学习风格的了解、学习策略的掌握以及考试焦虑的辅导等问题。

一、学习动机的激发与维持

学习动机与学习之间不是一种单向性的关系，而是相辅相成的关系。对于缺乏学习动机的学生，教师创造条件让他们"多做、多做到、多因做到而得到肯定"，在此过程中，学生即可能产生要学习的动机。

1. 外在激励、内在激励与学习动机

对一些学生，可能分数得到教师的认可会具有很好的激励作用，而

另一些学生学习的动力则来自于自我发现所带来的乐趣。因此，有经验的教师会对不同的学生采用不同的激励方式。

外在激励产生的外在动机能够在较短的时间内改善学生的学习状态，但这种改变往往缺乏持久性，有时，外在激励还会削弱学生对学习本身的热爱。内在激励产生的内在动机对学习行为的改变虽然缓慢但是持久。最有效的激励方式就是将两者结合起来，并在实践中尝试用不同的激励途径。

2. 学习目标与学习动机

一个好的目标，应该符合以下几个方面：①使用正面词语来描述，不能含有"不要""困难"等词语。②符合整体平衡的要求，不要因为某一科目的学习而影响了其他学科，或者因为学习而影响了体育锻炼。③要清楚、明确、具体，如我要每天背20个单词。④自力可为，即是自己可以做到的，是由自己控制的，如"我要成为班上的第一名"就不是一个自力可为的目标，因为尽管自己努力了，但也许别的同学比你更努力，你无法控制别人不超过你。⑤要有时间限制，如一个月背完1~5单元的英语单词。⑥达到目标时有足够的满足感，这样的目标才具有推动力。

怎样使目标发挥作用？一个重要的方面就是学生对自己的学习进程进行监督。研究表明，如果学生能把目标分解成一系列的子目标，并在学习过程中监督每一个步骤的进展，他的成绩会优于眼睛只盯着总目标或总是监督自己花较多时间在学习上的同学。教会学生监督和控制自己的学习进程是非常重要的。

3. 归因与学习动机

如果学生把成功归之于努力，而不是天生的能力或其他不可控的因素，则成功便是勤奋努力的标志，失败是需要加倍努力的信号；如果学生把挫败归因于能力缺乏，成功归因于运气、试题容易等外部因素，则无论成功还是失败，都不会激励其进一步努力。班主任应引导学生不要把学业失败归因于倒霉、运气不好或能力不足，而应该归因于努力不

够；和学生分享自己曾经在学业上的失败及解决方法，通过这种方法来树立榜样；鼓励学生把学习以及生活中所取得的成功看作是努力的结果，而不是天生的能力。有经验的班主任还会让学生们明白，那些学习好的同学往往花费更多的时间在学习上，并创造机会让学业优秀的同学介绍他们学习成功的秘密，而避免说某学生是如何聪明、如何有天分；让学生们看到他们所崇拜的明星、偶像在成功背后所付出的努力，也能很好地激发学生的学习动机。

4. 学生的需要与学习动机

学生的需要也会对学习动机产生重要的影响。有经验的班主任会了解到学生的需要有很多不同的类型，然后针对不同的需要来激励他们的学习动机。

另外，班主任如何看待他的学生以及学生如何看待自己也会影响学生的成绩。所以班主任应对学生保持积极的期待，这会在很大程度上激励学生，而低期待则挫伤学习热情。帮助学生正确地评价自己，树立"我能"的信念，增强学生的自我效能感也是激发学习动机很重要的方面。

二、学习风格的了解

学习风格或称学习偏好，指学生对不同学习条件的偏好或需求。它是个体在一定的生理特性的基础上，受社会环境和教育的影响，在长期的学习活动中逐步形成的。学习风格的范围很广，从对直接的物理环境的偏好，到深层的人格差异。班主任了解学习风格的有关知识，一方面可以帮助学生了解自己的学习风格，另一方面可以根据不同学生的认知风格进行学习辅导，做到"因材施教、对症下药"，会收到事半功倍的效果。

每个学习者都有自己的生物节律，导致在学习时间的安排上就会有不同的偏好。根据学习者对不同学习时间的偏好，可将学习者分为四种类型：清晨型，也叫"百灵鸟型"；上午型；下午型；夜晚型，也叫

"猫头鹰型"。当然，也有一些人属于混合型。班主任可以给不同感觉偏好的学生提供不同的学习方法和建议，以提高他们的学习效率。

三、学习计划的制订

我们经常发现，有些学生总是忙忙碌碌，觉得时间不够用。造成这种情况的原因是多方面的，例如，做事拖拉，常常要拖到最后才开始；目标不切实际而缺乏足够的推动力；从来不制订学习计划，不权衡事情的轻重缓急，做事随意，以至于顾了头就顾不了尾；学习与生活的场所凌乱不堪，从不整理。有研究表明，学习缺乏计划性、不能科学地安排时间是影响学生学习成绩的重要原因之一。因此，教会学生如何制订学习计划、如何有效地管理时间是十分必要的。

学习计划的辅导首先要解决的一个问题是，使学生希望有一个计划。如果学生自己并不想有一个学习的计划，制订的计划即使完美无缺，也只能是墙上的装饰而已，不会得到执行。因此，使学生明确学习计划的重要性、激发学生学习的动机是制订学习计划的前提。

一个完整的学习计划一般要注意以下几个方面：第一，要有清楚明确的学习目标。第二，要有学习内容，包括学什么和如何学两个方面。第三，要注意时间的分配。考虑到自己对时间的偏好，以便充分利用最佳的学习时间；按照事情的轻重缓急决定优先的顺序；计划要有弹性，要留出部分时间以便灵活安排，这些都是学生需要学习的时间管理策略。第四，注意到各学科之间的平衡。可以在自己薄弱的学科上多花些时间，但要注意各学科之间的整体平衡，而不能顾此失彼。第五，在实践的基础上不断地对计划进行修改、完善，使计划更适合自己，并得到执行。

四、考试焦虑心理的疏导

考试对学生来说是必不可少的。一些学生在考试之前或考试之中会产生紧张、担忧的情绪反应，即所谓的考试焦虑。考试焦虑问题严重的学生在考试前就焦虑不安，伴有食欲减退、注意力不能集中、失眠等表现；考试期间高度紧张，会有手心出汗、手发抖、浑身出虚汗、头脑一片空白等表现，在遇到不会做的题目时尤其明显。重度的考试焦虑还会产生各种心因性的疾病，如考试时胃疼痛难忍。重度的考试焦虑严重影响身心健康，需要求助于专业的心理咨询或心理治疗。

班主任在帮助学生处理考试焦虑时可以采用的方法有接受失败法、认知矫正法和自我教导训练。

1. 接受失败法

学生对考试有一份恐惧和担忧，实质上是害怕失败，是不能接受自己的失败。试想，如果能保证考试得满分，对考试还会有担忧吗？一定是盼着考试快点到来。接受失败法是简快心理疗法中的一种技术，它重在引导学生看到失败背后的正面价值，从而改变对失败的信念。

2. 认知分析法

考试焦虑者都会对考试有一些不合理的认识和不必要的担忧，认知分析法就是要引导学生挑战这些非理性的想法，从而对考试做出合理的反应。一是引导学生检查自己的担忧，要求学生把自己有关考试的担忧全部写下来，去掉重复的部分，把实质相同的合并起来，最后把担忧各项目按程度大小加以排列。二是要求学生对自己的担忧进行合理性分析。三是对担忧进行质疑。四是得出合理的反应。认知分析法可以在班主任的引导下完成，也可以由学生自己反复练习。

3. 自我指导训练

自我指导训练的实质是通过处理内在对话，从而改变人的思考、认知结构和行为方式的程序。所谓内在对话是一种自己说、自己听的自我沟通过程。严重考试焦虑者通常使用的内在对话带有自我批判或自我毁灭的性质。班主任可以向有严重考试焦虑的学生介绍这种方法。

人际交往篇

　　班级与学校之间，各班级之间，班级与家庭和社会之间都存在着千丝万缕的联系。作为班级管理的核心人物——班主任，自然成为处理各种关系的关键人物。班主任要处理好班级与学校的关系，要处理好与任课老师之间的关系，要处理好任课老师与学生之间的关系，还要处理好学校和家长的关系。因此，班主任必须"八面玲珑"才能把班主任工作做得游刃有余。

第一节 妥善处理和科任老师的关系

班主任要做好本班学生的教育工作，单靠一个人的力量是远远不够的，他必须和科任教师团结协作，形成一个团结向上的班级集体。正如苏联著名教育家马卡连柯所说："应该有这样的教师集体：有共同的见解，有共同的信念；彼此间相互帮助，彼此间没有猜忌，不追求学生对个人的爱戴。只有这样的集体，才能够教育好儿童。"

班主任协调与科任教师的关系归纳起来包括以下几个方面：

一、介绍情况，沟通教育信息

每位科任教师可能同时要负责几个班的教学，他们对每个班级的具体情况可能了解得不深入；加之学科之间的差异，各科任教师之间也可能缺乏必要的联系。作为全面负责班级工作的班主任，既要向每位科任教师反映本班的有关情况，比如班里的干部组成、班级上的学习风气，以及个别学生的具体困难等，又要沟通各科任教师之间的联系，使他们统一认识，对本班学生提出共同一致的要求。任课老师对班上的学生了解了，熟悉了，不仅有利于任课老师在教学中因材施教，加强教学的针对性，而且也有利于任课老师在学科教学的过程中配合班主任进行班级管理和思想教育。

班主任可以单独走访某科老师，向他反映其他科的教学情况，也可以举办各科任教师教研座谈会，共同商讨教学难点，商量教学进度。有的班主任定期或不定期地召开所有科任教师参加的"学习情况分析会"等，在分析会上，各科任教师通过交流各科教学情况，推广学习经验，协商解决学习中出现的问题。在平时，班主任还需要和科任教师一起分析学生的作业和试卷，在所有科任教师之间传阅优秀学生的作业和试卷，帮助科任教师了解学生的各科成绩。这些既有利于学科之间的相互交流、相互促进，又有利于学生各门功课的全面发展。

二、树立任课老师的威信，协调好师生感情。

科任老师是班级管理工作的重要力量，要利用好这一力量，班主任在教育和培养班集体时，要注意提倡尊师爱生的风尚，注意在学生中间树立和维护科任教师的威信，培养学生集体与教师集体之间的感情。

尊师爱生的感情是在潜移默化中培养起来的。班主任可以举办系列的尊师爱生活动，来增进师生感情，教育学生尊敬老师，听从教导。可以通过举办主题班会，让学生调查访问各科教师的辛勤工作，以此来增进学生对科任教师的理解，表达学生对教师的尊敬和感激之情。还可以组织学生通过节目慰问和学雷锋等活动，帮助年老体弱的教师做些力所能及的事情。有的班主任经常邀请各科任教师共同参加班里的各种活动，如游览、野营、新年联欢、国庆文艺汇演、歌咏会、主题班会等，在具体的活动中，增强科任教师之间的感情联系，培养科任教师与学生集体的感情。

班主任要严禁学生中不尊重科任老师的言行。班主任如果只重视自己对科任老师的态度，而忽视学生对科任老师的不礼貌言行，那只能让科任老师在学生中的威信扫地。这不仅不利于科任老师参与班级的教育管理，而且会给科任老师今后的教学带来不良后果。所以，教学中，如果一旦出现学生顶撞、侮辱科任老师的言行，班主任必须依照相关制度严肃处理，切不可姑息迁就。

在教学中，学生对科任教师有意见时，特别是在教学方法的意见比较突出时，班主任一方面把学生的意见进行认真分析，看其是否合理，如果合理，就要诚恳把学生的意见转告给科任教师，还可以进一步向科任教师详细介绍本班学生的基础和特点，并努力协助科任教师改进教学

方法；另一方面又要教育和引导学生积极配合，耐心适应，共同改进教学状况。

此外，班主任可以有意识地向学生介绍科任教师的长处和教学特点，宣传科任教师曾经取得的成绩，以及科任教师身上的一些其他积极因素，帮助学生全面认识科任教师。班主任还可以通过听课，通过自己尊重科任教师的言行来教育学生。

三、协调教学，提高学生的学习效率

在班级教学管理中，常常因各科教师只顾得自己学科的教学，而忽视其他学科的教学，给学生的学习和班主任的管理带来一定的难题，班主任这时就要从全班整体要求出发，站在公正角度处理与各科老师的关系，协调搞好教学管理。

课外作业是学生运用所学的知识进行练习，以加强基本技能训练，巩固与提高学习成绩的重要手段。作业量是否适当，直接关系到教学质量和学生的身心健康。有些科任老师在片面追求升学率的思想支配下，往往只盯着自己所教的学科，而忽视整个教学计划的总体要求。他们经常大搞题海战术，甚至挤掉其他学科安排的作业时间，给教学工作的全面开展制造了很大的障碍。为此，班主任应该经常了解各科教师布置的作业量，有问题及时调整，统筹安排，合理控制各科的作业量。为了使作业量能更好地从实际出发，班主任还应当将班上每个学生的智力发展情况、家庭教育情况及时向各科教师通报，使作业的布置既有统一要求，又有区别对待，使每个学生都能充分发挥自身条件，在原有基础上得到发展。比如，对学习成绩好、家庭又有辅导条件的，科任教师就可以给他们增加难度，对学习吃力、接受能力差的，科任教师可以适当减少作业量。

合理安排学生自习课的辅导，对于复习巩固学生所学知识、发展学生智力、提高学生成绩有着重要的作用。为了统筹安排、协调、控制各科教师的自习课辅导时间，班主任必须和科任教师加强联系，经常听取

学生对自习课辅导的反映。学生的自习课，一般是由学生自己掌握，但有时教师也给予辅导，如考前辅导、解答疑难、给缺课的学生补课等。因此，班主任就要根据各学科学时、进度来合理安排各科任老师的辅导时间，避免一个教室里几个教师同时辅导，或科任教师之间争时间、抢教室，这既影响教师之间的团结，也影响学生的学习。

学校里的课外科技活动开展，一般是以某一学科内容为范围，以科任教师为带头人，吸引对这一学科感兴趣的学生来参加。如"奥林匹克数学小组"、"化学兴趣小组"、"生物爱好小组"等。课外科技活动的组织既可以是以班级为单位，也可以是全校范围内的。这就要求班主任协调好课外活动小组与班集体、团队以及学校性的活动之间的安排，避免在时间、地点和人员组织安排上的冲突。班主任要与科任教师共同协商制定活动安排日程表，保证课外科技活动的顺利进行。

四、讲究策略，打造高凝聚力的集体

班主任要做好任课老师、学生之间的协调沟通，一定要讲求策略。

在工作中，班主任与任课老师之间或者任课老师之间都可能因为观点见解上的不一致、时间分配等方面的原因而产生分歧。遇到类似情况，班主任一定要选择恰当的时间、恰当的地点，以恰当的方式进行解释、疏通，尽早消除误会，免得矛盾越来越深，最后到不可收拾的地步。

班主任与任课老师之间还应该互相听课，深入了解教与学的情况，为发挥纽带作用创造条件。从教的方面，可以了解学科教学进度，吸取任课老师的教学经验；从学的方面，可以了解学生的学习纪律、学习情趣、学习方法，以及师生关系等。这些情况的掌握，有利于班主任全面了解班级的教学水平，打造富有凝聚力的集体。

全国优秀班主任武兴元总结自己的班主任工作经验时这样写道：

"我初任班主任时，把自己的教学看成是独立王国。别的班老师和科任老师在议论我的班或班里的学生时，我就不满意，耿耿于怀。老师

们鉴于此，对我疏远了，从而，我又感到了孤立。年终评比的时候，我教的班问题最多。

老校长指出，我的问题症结在于和科任教师团结不好。他还进一步指出，班主任教师和科任教师，或因思想上有分歧，或因工作上有摩擦，不是面和心不和，就是公开对立。几个教师名为合教一个班，实际上心没有往一处想，劲没往一处使。

老校长的话铭记在我心头，从此，我主动牵头，取得科任教师的支持，共同开好生活会。在生活会上，我主动摆出自己的缺点，亮出自己管理上的差距，虚心征求科任老师的意见。科任教师看我诚心诚意，愿意和我交换意见，献计献策，协调一致，密切合作。有一年，我担任高一班主任。一天里，我除了上语文课、自习课和学生接触外，其他时间很少与学生在一起。要掌握全班学生的情况，我就采取定期召开通气会，哪个学生数学差，我就和数学教师协商并让其给补课，并组织数学小组进行帮助；哪个学生物理差、化学差，我也分头和这些老师协商，安排补课，安排学习小组进行帮助。半学期后，这些差生都有了明显的进步。对于那些品德差的学生，我和各科老师通过召开通气会，对这些学生进行教育和帮助，不仅要一致行动，向学生提出同样的要求，而且要志同道合，抱着一致的信念，始终从同样的原则出发。这样，班里的品德差的学生也有了明显的进步。实践使我体会到，班主任牵头开好通气会，是班主任与科任教师相互协调，密切配合的关键。"

第二节　开好家长会，
搭建沟通与理解的桥梁

家长会议，简称家长会，是由学校或班级召开的向家长汇报学生思想、学习、生活等情况，并听取家长对学校或班级教育工作的意见和建议的会议，也是班主任同学生家长集体联系的基本形式。它对学校保持同家庭的密切联系，促进家庭教育与学校教育同步进行，形成集体教育合力，具有重要作用。

一、家长会的主要内容

不同形式和规模的家长会具体内容可以有所侧重，但从总体上来说涉及到以下几方面的内容：

向学生家长宣传党和国家的教育方针和政策，了解在培养学生过程中，学校与家庭各应承担的责任和义务，学生受教育的权利与义务等，以期配合学校的教育工作。

向家长宣传学校教育计划和班级集体教育安排，以便家庭教育紧密配合、协调步调、尽快达标，争取家长对学校和班级教育改革的支持和指导；听取家长的意见和建议，共同研究改进工作，制定科学的教育方案和计划。

举办教育讲座，促进学生家长对学生的了解，交流家庭教育经验，使家长掌握科学的家庭教育理论与教育方法。

二、家长会的规模

班级家长会的规模可大可小，可以召开全班家长会，也可以开部分家长座谈会。内容灵活，操作方便。全班家长会是为全班学生统一要求

召开的，其内容主要有：传达学校及班级工作计划；向家长提出共同搞好班级管理的建议和要求；汇报班级管理工作，征求家长对学校和班级工作的意见；针对班级教育和家庭教育的某些思想倾向和普遍存在的问题，共同研究对学生的教育方法和管理方法；组织家长交流家庭教育经验和体会；向家长汇报学习成绩或文艺汇演等。

三、家长会的形式

家长会如果按开会的形式来分，常见的有座谈会和汇报会。

1. 座谈会。

座谈会是指学校有关人员或班主任同家长共同讨论，相互交流教育教学工作问题而召开的会议。由于它要求就某一方面或某几方面的问题，学校和家长共同探讨，每个参加者须充分发表各自的意见，因此参加人数不宜多。例如有关后进生的教育问题，可由学校出面组织，也可由班主任从解决本班后进生教育问题出发，由班主任组织本班部分学生家长参加。

2. 汇报会。

汇报会是指由学校或班主任向学生家长汇报学校教育工作或班级教育工作所取得的各方面成绩而举行的全校性或全班性的家长会议，例如，举办学生学习成绩展览，文艺或体育表演，学生科技成果展，学校教改成果展，或班主任向全体学生家长汇报一段时期班级教育工作的成绩，等等。

家长会如果按开会内容的性质来分，一般有以下几种：

1. 报告式家长会。

由学校领导或班主任用报告的形式向家长介绍班级的现状、教育任务，或者汇报一个学期来的班级教育：工作情况。这种家长会可在班主任报告结束后组织大家讨论，加以领会、消化，避免"满堂灌"的单调乏味的现象。

2. 交流式家长会。

组织家长进行家庭教育经验交流，从中让家长相互理解，取长补短，端正教育思想，改进教育方法，提高家庭教育质量。这种家长会，班主任应在事先有针对性地选择好应在会上发言的家长，并在会前共同商定好发言提纲，避免泛泛而谈。

3. 展览式家长会。

学校将学生的习题簿、美术和手工作品、优秀作文、竞赛答卷以及集体的小报、奖状、荣誉证书等精心布置一个小型展览会，让家长观看、翻阅，了解班级学生的学习成果。这种家长会，班主任应在家长观看时给予介绍，会后请家长反馈评价意见。

4. 表演式家长会。

让家长来学校观看学生编排的文艺节目、课外活动或主题团队活动等。这种家长会气氛热烈、场面活跃，班主任事先应做好准备，让家长在听中受到教育，在看中得到启发，帮他们拓宽思路，放开眼界。

5. 咨询式家长会。

学校或班主任事先通知家长准备好要向教师询问的问题，到校后采取问答的形式了解孩子的发展水平、行为特点等。这种家长会要求班主任知识广博，思维敏捷，反应迅速，要做到有问必答，解答无误。

四、家长会的准备工作

学生家长一般都很忙，召开一次家长会不容易，因此，要确保每一次家长会都要开得顺利、成功，收到实效，会前的充分准备是非常重要和必要的。

1. 明确家长会的目的和任务

每一次家长会的主题要鲜明，中心要突出，且有实实在在的意义，切忌泛谈空洞，搞形式主义，这样学生家长才能感有必要，愿意花时间、费精力，为此作准备。否则，学生家长就无法参与讨论、形成共识，这不仅达不到预期的效果，还会给学生家长造成不良影响，久而久之会对学校或班级召开的会议失去信心。

2. 议定好会议议程

家长会的目的和任务确定之后，应与有关领导和教师一道讨论好会议的议程，确定好会议的日期、地点、时间以及哪些家长代表和学生代表发言等。

3. 构思提纲，慎重地写好《家长会议讲演稿》

会议的时间、地点等确定好后，学校领导或班主任就要组织教师共同讨论，构思发言提纲，并指定专人写好讲演稿。初稿完成后要交有关领导审阅或同其他教师交流，待提出修改意见后再最后整理定稿。这样做的目的在于保证发言的准确性、全面性，防止会议上随意谈话或说错话。

4. 收集有关资料并整理成册

收集资料一方面是为确定主题、构思发言提纲，撰写发言稿作准备；另一方面也是为家长作准备，使学生家长了解有关情况。资料的内容应根据会议的主题确定，如果是汇报学生的学习成绩，就要把学生各科成绩汇编成册，以便开会时发到每一位家长手中；若会议是探讨青春期学习心理与教育问题，则应收集典型材料，整理成册。总之，必须根据具体的家长会议的内容收集整理资料，并整理成册。如果是座谈会、讨论会，那么材料应该在发放会议通知时，一同发给学生家长，以便学生家长有所准备。

5. 印发会议邀请书，布置好会场

召开学生家长会应该印发会议邀请书，而不是口头通知或由学生通知家长。因为学生家长收到正式的会议邀请书，会感到会议严肃、庄重、认真，家长就会认真对待，同时也体现了学校或班主任对学生家长的尊重。邀请书的内容应简单明确，使学生家长能一目了然，并要在会议前三天送到学生家长手中，太早家长可能遗忘，太迟学生家长会感到匆忙，无法认真准备。

6. 做好物质准备

要把会场布置得清新、整洁、亲切，使家长感到心情舒畅。会议的物质准备包括写好标语，安排好学生家长的座位，有条件的还可以给家长准备些茶水。如果有展品，就要做好展品的选择、整理、布置、摆放。

五、家长会应注意的问题

1. 要把握家长心理特点，分析家长的心理状态

要使家长会的召开达到预期的目的，班主任必须把握家长心理特点，分析家长的心理状态。天下父母都希望自己的子女品学兼优，处于同龄人前列。尤其是诸多因素造成自身文化素质较低的家长，更希望在子女身上找回自己的追求和人生的奋斗目标。这样，一些要强的家长因子女"没出息"而不愿来参加家长会，即使来了，也向隅面壁，内心充满自卑，那些学习拔尖的学生家长则积极来校，为之自豪。针对家长们各种各样的心理特点，学校和班主任在召开家长会时，就得精心设计，把握家长的心理，激发他们家庭教育的积极性。

2. 对家长提出的要求要中肯可行

由于学生家长素质的不同，在教育子女的观点、方式、方法上必然同教师存在一定差异，因此教师要承担起家庭教育指导者的责任。但是要想让学生家长虚心听取班主任和教师的意见，尤其是在家庭教育方面存在缺陷和错误的家长，班主任和教师的观点更要中肯可行。要让家长感到自己能够做得到，这样才能谈得上相互配合。同时，班主任还要虚心听取学生家长的意见，不要摆出自己是教育者的姿态，好像总是绝对正确的。班主任应该知道，无论自己的水平有多高，也难免有出错的时候，而且学生家长对子女的责任心并不比班主任差，孩子是家长自己的，家长总是要为孩子将来尽到责任，更何况在学生家长中不乏有素质较高、经验丰富的人，因此教师应该真诚听取家长的意见。

3. 重视家长会后的动态

开完家长会后，除了要收集整理诸如家长意见单之类的资料，对因故未到的家长要及时取得联系，探明原因。还要注意会议后学生家长的反应，成功的家长会必然会给学生家长留下深刻印象，而失败的家长会也会引起学生家长的议论，作为会议的组织者——学校领导或班主任对这些情况都必须有所了解。

第三节　通过多种渠道建立家校联系

班主任进行家校合作除了家访和家长会外，还可采用其他的形式，在实际工作中较常见的有书面联系、建立家长委员会、家长学校等。

一、书面联系

书面联系是班主任行之有效的简便易行的和家长保持联系的一种方式。通过书面联系，班主任可以把学校或班级要开展的重大教育活动、学生在学校的各种表现及时告诉家长，使每位家长及时了解学生在校的表现情况。同时，还可以通过家长的书面反馈，了解学生在家的各方面的表现，学生的社会交往情况，等等。有时通过直接书面联系可以解决一些当面不太好讲或当面不适合解决的问题处。

书面联系一般有以下几种形式：

1. 发通知书或邀请书与家长联系

每学期结束时，班主任要把学生一学期的表现，用书面形式告知家长，并要求家长签注意见。有时，班主任对全班学生统一布置某项工作或班级出现偶发事件时，也可以采用书面形式与家长联系，以便向家长说明缘由，争取家长的支持和帮助。

2. 通信联系

通信联系主要是指班主任通过信件的形式同学生家长交换意见，统一认识，协调学校教育同家庭教育关系的简便而有效的手段。它往往适用于班主任无法及时家访，但又不得不同家长联系的情况和一些不适合于当面解决的问题。此外，有的学生家长因公务繁忙，无法同班主任直接联系，也可以采用这种方法。

班主任在给家长写信时，要注意礼貌用文，字迹要清楚工整，表达要清晰、简洁，语气要纯朴、诚恳，不要写成"告状信"或"讨伐信"。在直接家访中应注意的问题，用信件的形式也应注意而绝非无所顾忌，这样才能反映实情，取得家长的积极配合。

3. 通过《学生手册》或《学校家庭联系手册》同家长联系

《学生手册》或《学校家庭联系手册》记载着学生的学习成绩、行为表现，供家长经常查阅，以便及时了解学生情况，配合学校进行教育工作。通过《学生手册》或《学校家庭联系手册》做家长工作是比较简单而实用的办法，班主任应当通过《学生手册》或《学校家庭联系手册》建立家长对班主任的信赖感。凡是班主任在手册上要求协助的，一定要让家长知道，班主任也应及时了解家长通过《学生手册》或《学校家庭联系手册》反馈的意见，并认真进行分析，作出反应。

使用《学生手册》或《学校家庭联系手册》时，要注意学生的年龄特点和个性差异，语言要简明扼要，要杜绝公式化、一般化，避免千篇一律。

二、家长委员会

家长委员会是由学校组织的、由家长代表参加的一种群众性组织。这种群众性组织是家长进行自我教育、自我指导、互相帮助的组织。家长委员会可以是全校性的，也可以是一个班级范围的，家长委员会的成员应通过民主选举或民主选举与学校领导、班主任推荐相结合的方式产生。家长委员会应具有广泛性和代表性，其成员不宜过多，人选应当是有教育工作能力、组织能力、教育子女效果好、思想好、作风正派、有威信、有号召力、又热爱这项工作的家长，学校领导和班主任也可以参加。

家长委员会的主要任务是：听取学校、班级工作汇报，为改进学校、班级工作献计献策，协助学校做好家长工作，及时向学校反映家长

的意见和要求；组织家长经常总结、交流教育子女经验，解决家长提出的有关学生教育的问题，向家长提出教育的要求和建议，指导家庭教育工作；配合家长或班级开展校外教育活动，组织学生走出校门参加社会活动、公益劳动，帮助学校改善物质条件；发动有专长的家长辅导学生的课外科技、文体活动。组织家长委员会是充分调动家长教育力量的有效方法。它对于动员家长和社会力量，端正办学方向，加强学生的全面教育，提高教师素质，改善办学条件，都具有重要作用。

三、家长学校

家长学校是由学校或其他组织部门举办，家长自愿参加的学习有关家庭教育科学知识和教育艺术的机构。它是学校和家庭密切联系的重要形式，对于提高家庭教育的水平有重要作用。

家长学校的任务是，系统地向家长传授教育子女的科学知识，交流推广成功的教育子女的经验，提高家长的教育能力和教育素质。开办家长学校的目的不是仅仅为解决家庭教育过程中遇到的个别问题，而是从根本上提高家长的素质。

家长学校应具有以下几个条件：有领导小组，有专人管理；有明确的办学指导思想；有周密的教育计划；有适合家长的教材，教育内容有系统性、针对性、实践性；有实践经验丰富的家长和理论知识丰富的专家、教授和教师担任家长学校的老师；有固定的教学时间和地点。另外，家长学校的教学方法要灵活多样，这样才能增强学校的吸收力和凝聚力，提高家长的学习积极性、主动性。例如除讲课外，还应组织座谈、讨论、经验交流等；可以配合教学印发讲课提纲、开辟家庭教育宣传栏，征集家教论文等。

除家庭访问、家长会、书面联系、家长委员会、家长学校这五种方式外，班主任还可以通过电话联系，对家庭教育进行及时、简便的指导。现在，这也是一种比较常用的方式，在比较紧急的情况下尤为适用。班主任应认识到家庭教育是学校教育的必要补充，家庭教育作为一

171

种非正规的教育，必须接受学校教育的指导。班主任的重要任务之一，是和家长建立经常性的联系，与家长进行教育上的合作。班主任仅仅了解家庭教育指导的方式和途径是不够的，还应当熟悉家庭教育的知识和懂得家庭教育的规律。班主任只有既掌握家庭教育的知识，又掌握指导家庭教育的方式，才可能对家庭教育进行有效的指导。

第四节　了解学生和家长，从家访开始

班主任是学校与家庭的纽带，家访是班主任密切与学生家长联系的一种最常用的方式。勤于家访、善于家访是班主任带好班级的诀窍之一。做好家访工作，是每一位班主任更多地掌握学生情况，增进师生感情，加强学生管理，开展班务工作，提高教育质量的重要保障，是建设好班集体的基础。事实证明，只要班主任在家访时注意合理地选择时间，掌握恰当的方式方法，能让家长接纳、信任和尊重，就是一次成功的家访，就会产生良好的教育功效。

一、家访的作用

通过家访，既体现出教育工作者高度的责任感，又使教师深入实际，这对了解社会，统一各方面教育要求，协调学校同家庭教育的关系等方面，都有着重要的作用。

1. 协调学校教育与家庭教育

通过家访，班主任可以和学生家长进行面对面的交流，直述各自的意见和见解。为了共同的目的，即把学生培养成才，家庭教育作为一种独立的教育形式，有它自身的特点和优势，如全面性、持续性、个别性等。但是家庭教育也有它的局限性，一般来说，家庭教育的目的性、计划性、科学性和系统性不如学校教育强。家庭教育常常是既有积极影响，有时也又有消极影响，这是由于家长的文化修养、教育能力的差异决定的。家长在对孩子教育时，希望教师来指导、协商。而学校教育没有家庭教育的协助，没有家长的配合，也是困难的。因此，把家庭教育和学校教育紧密配合起来，以形成教育合力，对促进学生的成长是非常有益的。班主任的工作职责之一就是沟通家庭教育和学校的联系，班主任不仅应是学生的良师益友，也应是学生家长的知心朋友。

通过家访，班主任可以了解到学生在家庭和学校的表现是否一致，班主任和学生家长能够一起讨论，共同研究，在教育内容和方法上达成一致，并要求家长协助做好学校的教育工作。对于家长，则可以知道学生在校的情况，使家庭在培养孩子方面更有方向性、目的性。特别是改革开放以来，由于商品经济的发展，信息渠道的扩大以及各种观念的转变，社会风气等各方面的复杂情况，既影响家长，又影响学生，同时也势必影响到家庭教育，可能给学生带来不利的影响，这也就更需要统一学校与家庭教育的步调，才能促进学生的健康成长。

2. 提高家长的教育素质

从总体上看，目前我国学生家长的文化水平还处在一个较低的层次，即使那些文化素质比较高的学生家长，同学校教育工作者相比，在掌握科学育人的理论和实践方面也有一定的差距，常常是花费了很多时间和精力而收效却不大，有时家庭教育与学校教育是背道而驰，如对学生品德的教育和影响方面。当前，家庭教育的地位和作用越来越突出，这就更需要有科学的家庭教育理论来指导，需要每一个家长掌握一定科学的教育方法。然而，在目前我国的现状下，又无法让每个家长都接受正规的家教训练，这样，班主任向家长介绍教育的科学方法，提高家长的教育素质，以便积极配合学校教育，搞好学生培养工作，就有着重要的意义。

二、家访十字要诀

家访做得好，并非易事，班主任通常要注意把握"备课、幽默、委婉、灵活、分寸"十字要诀。

1. 备课

家访要提前"备课"，做好充分准备。家访前"备课"的内容有：

（1）目的性和期望值

每次家访前，班主任要认真细致地分析此次家访要达到什么目的；如何达到这个目的；本次家访成功与否的期望值符不符合实际。

（2）了解学生

家访前，班主任要对家访学生的在校表现、各科学习、兴趣爱好、行为习惯、优点缺点等了如指掌，以便家访时能信手拈来，提高家访的实效。

（3）提前预约

家访前，班主任必须与学生家长提前约定好家访的时间，切不可盲目家访，这样学生家长很可能不在家，白白浪费时间和精力，也会大大影响自己的情绪。

（4）时间的选择与控制

家访时间最好选择在学生放学后或双休日，这样学生也可以在场，家访的效果会更好。家访时间不宜过长，以免耽误家长的工作和生活。

（5）内容和方法

家访的内容应多种多样，了解学生家庭情况可以家访，学生取得进步可以家访，发现学生有问题可以家访，学生家庭有困难可以家访。家访的谈话方法，注意不要千篇一律，要因人而异，力争做到一把钥匙开一把锁。

实践证明，做好充分准备的家访，不仅能使家长及时了解学校的教育教学情况，学生的在校表现，而且能够取得家长对学校和教师的理解和支持，加深班主任与家长的感情，起到协调配合，共同促使学生进步的作用。

2. 幽默

幽默的谈话不仅能吸引听者的注意力，而且能与听者建立亲密的关系。某学生历史成绩非常差，班主任为此去家访，学生的父亲问："我儿子的历史学得怎么样？我做学生时最头痛的就是历史，经常考不及格。"教师笑了，随口便说道："我正想同您商量，怎样使历史不再重演。"他们相视而笑。这信手拈来的幽默，一语双关，轻松诙谐，既说出了不便直言的话，又"润滑"了与家长的关系，争取了家长的积极配合。

3. 委婉

说话委婉是指在不便于直接说出本意的时候，抱着尊重对方的态度，采用同义代替、侧面表达、模糊语言等方法，含蓄曲折地表达自己的本意的谈话方法。例如某小学生经常吃别人的食品，拿别人的玩具，班主任为此家访时，应该力避"偷"字，改用"悄悄拿"之类，以免伤害家长的自尊。

4. 灵活

灵活指说话人根据不同的对象或不同的场合，确定自己的谈话内容和谈话方式，并且在情况突然变化时能迅速地调整说话的内容与方式的谈话方法。例如，一位母亲不许成绩下降的学生参加春游，班主任为此家访。学生母亲准备做晚饭，班主任抓住时机笑着说："拿咱们做饭来说，如果做糊了一锅饭，就不再做饭了么？我们大人不是也失过手吗？"学生母亲笑了。班主任又语气温和地分析学生成绩下降的原因，从而告诉家长，不要带着怨恨教育孩子。

5. 分寸

班主任家访时要注意斟酌语言，措词要有分寸，千万不可因失言导致失礼。例如，有的班主任把学生性格上的弱点说成是人格上的"污点"，这就是用词不当；把学生行为上的缺点说成是品行上的"缺陷"，这就是词不达意；把学生偶犯的过失错误说成是"屡教不改"的老毛病，这就是言过其实；把学生鸡毛蒜皮的小错误，"陈芝麻烂谷子"向家长"告状"，这就是小题大做……这样谈话的班主任肯定会引起家长的反感，其结果与谈话愿望正好相反。

三、面对不同家长的访问策略

此外，要使家访成功，还要分析家访的对象。针对家长不同的心理

特点，文化修养等方面的差异，确定谈话的内容、策略。

1. 教育有方、通情达理的家长

教育有方，且通情达理，这样的家长一般素质较高，有修养，重视孩子的全面发展。同他们进行交谈，可以不多加分析，就教育问题进行广泛而深入的交谈，对孩子的错误缺点可当家长的面道出，对家长的希望或要求也可直接提出来。

2. 对子女期望过高的家长

对子女期望过的家长对孩子的要求相当严格，有"望子成龙""望女成凤"的心理，但却不注意了解子女的身心特点。他们热切期待子女在学业上的进步，但面对越来越深的书本知识和身心迅速成熟的孩子又深感无奈，即使是那些有较好文化修养的家长，由于在不正确的子女成才观的心理作用下，也会做出令人费解的事，如信奉"不打不成才"的古训，或采取"胡萝卜加大棒"的教育方法，结果往往是事与愿违，得不到子女的认同。同这类家长交谈时，首先要让家长感到你理解他的心理，以形成良好的谈话气氛，然后就成才观、教育方法等方面的问题以祥和恳切的语气同家长交换意见。这样，哪怕是无法立即使家长转变观念，改进教育方法，但至少对他会有所触动，以后再经过多次的交流，是会形成一定的共识的。另外，在这样的家长面前一般不要讲或尽量少讲学生在校有不良表现、成绩差等之类的内容，以便家长过后打骂孩子，这样做，反而不能取得好的效果。

3. 娇惯宠爱子女的家长

现在有不少家长由于其家庭条件的优越，生怕孩子吃苦，对孩子百依百顺，结果使子女养成一种骄横、好吃懒做的性格。他们对于子女的情况只听得好的却听不得坏的，甚至当教师谈到孩子的缺点时还一味维护自己的子女，对教师有成见。同这样的学生家长交谈时，应该诚恳中带有刚强，不卑不亢，并努力表现出自己的真诚坦率和对学生家长的尊重，从而增加他们对你的信赖程度，因为在教育学生方面，教师和家长是不存在利害冲突的。要用中肯的语气劝导家长懂得严与爱的关系，在指出学生的缺点时尽量用事实作证，以增强说服力。

4. 放手不管的家长

有些家长长期在外工作，无暇顾及子女的教育；有的虽未长期在外，但因自身素质不高，认为孩子学得好不好全是学校、教师的事，从而对子女放任不管。同这类家长交流时一定要让他们懂得离开了家庭教育的配合，不管教师付出多大的努力，都难以收到完满的效果。因为学生毕竟有大量时间是在家庭中度过的，需要家长共同参与管理教育学生。

此外，对缺损型家庭的家访，要给以真诚的关心，具体的帮助；遇上蛮不讲理的家长要以理服人，以事实服人，以真诚感动人；少数家长常常给孩子以坏的影响，对他们就要忠言直谏，善于提出批评。总之，对不同类型的家庭，家访的方法视具体情况而定。

第五节　寻求学校领导和各部门的支持与帮助

　　班主任在日常工作中有时会遇到一些比较棘手的问题，如碰到所谓的"问题"学生，或家长的不合作等，由于班主任的权力有限，有些问题仅靠自己的力量难以解决，这就需要得到学校有关领导的支持与配合。

　　一位班主任老师新带的高一（2）班有一个学生张华成绩不错，但在社会上认识了一些小混混，刚入学，就开始成立小团伙，经常欺负同学，弄得班上人心惶惶。班主任找他谈话，可他却置之不理。班主任就去做家长的工作，可家长却错误地认为：只要孩子成绩好就行，至于他能成为小混混的头儿，说明他能力强，让老师不要管。在不得已的情况下，班主任向学校德育处王主任做了汇报。有一次，张华和班上同学发生争执，吃亏后，叫来社会上的小混混准备报复，王主任接到班主任的报告后，立即报警，很快平息了事端。事后，张华的家长开始意识到自己过去的观念及对孩子教育上的错误，在班主任和学生家长的配合下，张华终于对自己的错误行为有所认识。

　　由此可见，班主任与学校各级领导的交往，是学校中的一种重要的交往。班主任同校领导的交往要从以下几个方面做起：

　　一、邀请学校领导参加班级活动，增进学校领导对班级工作的了解、支持和指导。

　　经常邀请学校领导参加班级活动，是班主任向学校汇报工作加强反馈的一种方式。通过这种方式，学校领导能全面、及时地获得各个班级的工作进展情况，了解学校中每个学生的发展和进步的因素，了解教学方面进展情况，以便更好地进行指导、调控和监督。

通过这种方式，班主任可以随时向学校领导汇报和反馈班务工作的情况和存在的问题，及时得到指导，获得解决问题的办法或从领导的反馈意见中得到改进和调整自己工作的启发。还能增进学校领导与班主任和学生的感情交流，有利于沟通思想，融洽关系，改善学校内部的人际关系。

二、定期或不定期地邀请学校各级领导参加班主任工作会议。

班主任工作会议是班主任们就工作中出现的问题进行研讨，总结前一阶段工作，布置下一阶段工作的会议。可以是全年级性的，也可以是全校性的。邀请学校领导参加班主任工作会议，一方面能使领导全面、系统地了解班主任工作，并通过班主任的信息反馈，调整与纠正自己的工作计划；另一方面，班主任向学校领导汇报工作时，还可以反映所在班的具体情况和存在的困难与问题，以争取学校领导的指导、支持和帮助。这种会议是加强学校领导与班主任联系的重要形式。

三、邀请学校领导参加由班主任召集的班级科任教师工作会议。

班级科任教师工作会议是由班主任召集的、同一班级中所有科任教师参加的本班教学工作会议。邀请学校领导参加会议，可以使学校领导与科任教师的接触更正式、更系统、更有针对性，可以使他们了解到学校基层单位中的具体工作情况，并以此为基础，全面把握学校工作的进步；同时，也可以帮助科任教师反映具体的要求和困难。

班主任在这项工作中，沟通了学校领导与科任教师的联系，架起了领导了解教学的桥梁，而且，以班级为单位，以班级中的教学、教育、管理工作为会议内容，更有利于促成科任教师与学校领导的合作，更有利于得到学校领导的具体支持与帮助。

四、了解领导者的领导方式，采取相应的交往措施。

学校领导者的领导方式是指学校领导者用来对教职工行使权力和发

挥领导影响力的行为表现方式。它体现了领导过程中领导者与被领导之间的关系，体现着领导者的工作作风。在我国，客观上存在着三种类型的学校领导方式。

1. 专制型的领导方式

专制型的领导方式，也叫集权型领导方式，它的主要特征是学校领导者权力高度集中，突出领导者的地位。凡事躬亲，事无巨细都得领导点头，下属必须无条件地服从与执行领导的决定，重视行政手段的作用，强调奖惩，经常干预下属的工作，不喜欢听反对意见，不愿与有独立见解和创造精神的人相处，喜欢发命令，作指示，对于教职工的缺点错误毫不留情地进行批评教育。

2. 民主型的领导方式

民主型领导方式的主要特征是学校领导者在工作中广泛依靠广大教职工，积极吸收广大教职工参与学校的管理工作。在进行决策时，注意吸收和听取教职工的建议和意见，尊重下属的职权，放手工作，注意调动下属的工作积极性，信任教职工，满足教职工的合理需求，乐于与教职工接触，上下级的关系较为融洽。

3. 放任型的领导方式

放任型领导方式的主要特征是学校领导者放弃自己的职责而把大部分权力交给教职工，要求教职工实行自我管理。领导不干涉教职工的活动，完全依靠下属的自觉性，不强调规章制度的约束作用，较少使用惩罚手段来进行管理，下属对自己职责范围内的事可以自作主张，各行其是。学校领导者与教职工保持不即不离的关系，很少主动与教职工接触，对教职工的问题采取不闻不问的态度。

上述三种领导方式，各有所长，也各有所短，比较起来看，民主型的领导方式更为适宜一些。但采用何种领导方式，往往由领导者决定，而非班主任所能控制的。班主任所要做的是根据不同领导方式的特点，采用相应的交往方式，更好地搞好与领导间的关系，以取得良好的交往效果。

　　对于专制型的领导，班主任要注意维护领导的威信，承认其权威性，无条件地执行领导的正确意见，遇事多请示、多汇报，不可自作主张、各行其是，不可因领导专制而减低责任心，降低工作效率。同时，也要采取易于被领导接受的方式，提出自己的合理化建议，帮助领导搞好工作。对于领导的失误，要尽自己的能力进行挽救与弥补，绝不能看笑话，闹情绪，影响工作。

　　民主型的领导，和下属的关系较为融洽和谐，班主任和这种类型的领导交往较为容易和随便，易于建立良好的人际关系。但也要注意戒骄戒躁，绝不能恃才傲物，所提的建议或要求必须合情合理，不能胡搅蛮缠，对领导采取强硬态度。

　　对于放任型的领导，班主任要增强自身的责任心和义务感，提高工作的积极性和自觉性，严格要求自己，主动和领导接近，合理有效地使用领导下放的权力，既不能放任自流，自由散漫，也不能越权办事。要积极发挥自己在工作中的主动性和创造性，具有开拓进取的精神，圆满而有效地做好本职工作，要主动自觉地将自己置于领导者的监督之下，自觉遵守各项规章制度，避免出现无政府主义。